DOCUMENTS POUR SERVIR A L'HISTOIRE DU DÉPARTEMENT
DE SAÔNE-ET-LOIRE

LES ÉLECTIONS

ET

LES REPRÉSENTANTS

DE

SAÔNE-&-LOIRE

Depuis 1789

PAR

Léon LACOMME

Conseiller Général de Saône-et-Loire

PREMIÈRE PARTIE :
LÉGISLATIONS ET OPÉRATIONS ÉLECTORALES

PARIS
IMPRIMERIE GEORGES GUILLOIS
3, RUE MADAME, 3

1885

LES ÉLECTIONS

ET

LES REPRÉSENTANTS

DE SAÔNE-&-LOIRE

Depuis 1789

319 — Paris. — Imprimerie Georges Guillois, 3, rue Malaise.

DOCUMENTS POUR SERVIR A L'HISTOIRE DU DÉPARTEMENT
DE SAONE-ET-LOIRE

LES ÉLECTIONS

ET

LES REPRÉSENTANTS

DE

SAÔNE-&-LOIRE

Depuis 1789

PAR

Léon LACOMME

Conseiller général de Saône-et-Loire

PREMIÈRE PARTIE :
LÉGISLATIONS ET OPÉRATIONS ÉLECTORALES

PARIS

IMPRIMERIE GEORGES GUILLOIS
3, RUE MADAME, 3

1885

TABLE DES MATIÈRES

AVERTISSEMENT

Cet opuscule, qui représente une somme assez considérable de recherches, ne se compose que d'une série de noms et de chiffres, reliés entre eux par des analyses de nombreux textes législatifs; il ne peut donc viser qu'à un seul mérite, c'est d'être absolument exact et complet. L'auteur peut affirmer qu'il n'a rien négligé pour y parvenir.

Le résumé succinct des législations électorales successives a toujours été fait d'après les textes eux-mêmes, puisés soit au Bulletin des lois, soit aux Procès-verbaux des assemblées; par là, on a pu éviter nombre d'erreurs de détails commises par des auteurs qui se sont copiés les uns les autres, sans se donner la peine de remonter aux sources (1).

Pour l'exposé des opérations électorales, noms des divers candidats, chiffres des voix obtenues, etc., on eu constamment sous les yeux les procès-verbaux d'élection, dont l'auteur a pu avoir la communication complète soit aux Archives nationales, soit aux Archives de la Chambre des députés. Il tient à remercier hautement les administrations de ces deux grands dépôts de la libéralité avec laquelle lui ont été communiqués ces documents, qui l'ont mis à même de donner à son travail un caractère absolu d'authenticité. Il doit aussi des remerciements à MM. Protat, de Mâcon, qui ont mis à sa disposition leur collection complète du *Journal de Saône-et-Loire :* cette collection remonte à 1826, et constitue pour l'histoire du département, depuis cette époque, un répertoire d'une richesse infinie (2).

---

(1) Les *Archives parlementaires* elles-mêmes ne sont pas exemptes de bien des erreurs de ce genre, qu'il eût été aisé d'éviter avec plus de soin, et qui sont particulièrement fâcheuses dans une collection de cette importance.

(2) On s'étonnera peut-être que les archives départementales de S.-et-L. n'aient pas été mises à contribution. La raison en est dans l'état du classement de ce dépôt pour la période postérieure à 1790: on sait ce que sont devenus la plupart des procès verbaux d'élections aux Assemblées politiques modernes. On aura peine à le croire, — mais c'est l'exacte vérité, — des documents comme les procès-verbaux d'élections à l'Assemblée Législative et à la Convention sont introuvables. En revanche, et sans doute à titre de compensation, l'archiviste du département expose depuis quelques années dans ses rapports au Conseil général le soin minutieux avec lequel il a procédé au classement des papiers provenant des abbayes de Laucharre et de La Bénissons-Dieu.

L'auteur espère que ce petit livre pourra être consulté avec fruit par les personnes qui voudront avoir des renseignements précis sur les luttes électorales dont le département de Saône-et-Loire a été le théâtre, et sur les hommes politiques qui ont été appelés à le représenter aux diverses périodes de l'histoire contemporaine : peut-être même, malgré sa sécheresse, cette longue liste de noms et de chiffres sera lue avec un certain intérêt; car en elle se résume toute la vie politique de notre contrée depuis un siècle.

Mesvres (Saône-et-Loire), mars 1883.

L. L.

N. B. — Une 2ᵉ partie, actuellement en préparation, comprendra une étude statistique et historique sur les élections, et des notices biographiques sur les divers élus.

ASSEMBLÉES ANTÉRIEURES A 1789

NOTE PRÉLIMINAIRE

Les anciens Etats Généraux peuvent être considérés comme les prédécesseurs des assemblées parlementaires modernes; il est donc naturel, si l'on veut reconstituer la série historique de la représentation politique d'une partie de la France, de mettre en tête la liste des députés qu'elle envoya à ces anciennes assemblées.

On s'accorde généralement à faire remonter l'origine des Etats Généraux à l'année 1302, époque où pour la première fois les trois ordres de la nation se réunirent en l'église Notre-Dame de Paris, sur la convocation du roi Philippe le Bel. Pendant les trois siècles qui suivirent, il y eut, à des intervalles fort irréguliers, un grand nombre de réunions des Etats Généraux, jusqu'en 1614, date à laquelle elles cessèrent définitivement avec l'établissement de la monarchie absolue.

Les historiens ne nous ont malheureusement pas conservé les noms des députés qui siégèrent aux Etats généraux tenus pendant les XIVe et XVe siècles; lacune d'autant plus regrettable que ces assemblées furent fréquentes et nombreuses, et que plusieurs d'entre elles eurent une importance politique considérable. Il n'est néanmoins pas douteux que les divers pays de la Bourgogne n'aient envoyé des députés aux Etats Généraux dès l'origine de ces assemblées (1), et il est fort vraisemblable que nombre de procès-verbaux d'élections et de procurations existent encore, enfouis dans la poussière des archives locales. On ne saurait trop désirer que leur recherche et leur exhumation tentent le zèle et la curiosité de nos archivistes ou de nos sociétés savantes : ces actes offriraient le plus grand intérêt, aussi bien au point de vue de l'histoire locale qu'au point de vue de l'histoire générale.

(1) Boutaric, dans un travail sur les premiers Etats Généraux publié dans la *Bibliothèque de l'Ecole des Chartes* (5e série, tom. I), constate notamment l'envoi de députés aux Etats Généraux de 1303 par les villes d'Autun, Tournus, Beaune, Cluny et Dijon. Parmi les nombreuses procurations qu'il mentionne et qui sont conservées au *Trésor des Chartes*, s'en trouve une constatant l'élection de deux députés, pour représenter le tiers-état d'Autun.

M. de Charmasse a publié en entier ce curieux document dans l'introduction de son *Cartulaire de l'Eglise d'Autun* (p. LXX).

C'est seulement à partir des États Généraux de 1484 que nous possédons, d'une façon complète, les noms des membres de ces assemblées. Les listes qui vont suivre, et qui se rapportent aux divers pays, dont la réunion à une époque ultérieure a formé notre département, ont été empruntées, pour les États de 1484 et ceux de 1593 à deux volumes faisant partie de la grande *Collection des documents inédits de l'histoire de France* publiée par le ministère de l'instruction publique, et pour les autres assemblées aux deux recueils sur les États généraux publiés en 1789, l'un par Mayer, et l'autre par Lalourcé et Duval.

Je dois ajouter que, dans toutes ces publications, la plupart des noms dont j'ai eu à m'occuper sont étrangement défigurés, et que j'ai dû, pour les rétablir, recourir, soit à des ouvrages spéciaux de généalogies, soit à des travaux locaux (1).

ÉTATS GÉNÉRAUX TENUS A TOURS
EN 1484

POUR LES TROIS ESTATZ DU DUCHÉ DE BOURGOGNE

M. l'évesque de Chalon (André de Poupet).

M. l'abbé de Cisteaulx (Jehan de Cirey).

Messire Philippes Pot, seigneur de la Roche et de Chasteauneuf, grand séneschal de Bourgogne.

M. Despoy.

M. de l'Ogier.

Messire Jean Charvot, abbé séculier de l'église d'Ostun, conseiller-clerc au parlement de Bourgogne.

M° Guy Margueron;

M° Regnault Lambert;

M° Gaultier Brocart;

M° Jean Remond;

Tous licenciés en loix et décretz, conseillers du roy.

Pierre Martin, bourgeois de Châlon.

Guiot Court.

---

(1) Je dois aussi des remerciements tout particuliers, pour les renseignements et les rectifications qu'ils ont bien voulu me fournir, à M. Hippolyte Abord, le savant auteur de l'*Histoire de la Ligue et de la Réforme d'Autun*; et à M. Adrien Arcelin, bien connu par ses travaux sur l'histoire du Mâconnais.

POUR L'ESTAT DE L'ÉGLISE D'OSTUN
MEMBRE DEPPENDANT DE LADITE DUCHÉ

Messire **Antholne de Châlon**, évesque d'Ostun.

M⁰ **Jehan Petitjean**, docteur en loix et en décretz, archidiacre de
Flavigny, official d'Ostun.

M⁰ **Jehan Saulnier**, licencié en loix, chanoine et official de l'évesque
d'Ostun, abbé de Cervon, conseiller-clerc au parlement de
Bourgogne.

CHAROLOIS

L'église : Dom **Sébastien de Rabutin**, prieur de l'église de la
Magdeleine.

Nobles : **Jehan de Tenny**, escuier, seigneur de la Tour de Vers et
de Saint-Léger-les-Paray.

Commung : Maistre **Estienne Charno**, seigneur de Bussy.

LE BAILLIAGE DE MASCON

Cl. Messire **Jehan de Matafelon**, docteur ès-droits, prieur de
Saint-Pierre de Mâcon.

N. **Claude**, seigneur de Surtes (ou Chutre) (1).

T.-Et. Maistre **Humbert Fustaillier**, licencié en droit.

ÉTATS GÉNÉRAUX TENUS A ORLEANS
EN 1560

BAILLIAGE D'AUTUN

Cl. **Jacques Charvot**, docteur en droit, grand-chantre de l'église
cathédrale.

N. **Charles de Laffin**, seigneur de Beauvoir et de la Nocle.

T.-Et. M⁰ **Jacques Bretagne**, lieutenant-général de la chancellerie
du bailliage. — M⁰ **Jean Lalemant**, médecin.

BAILLIAGE DE CHALON-SUR-SAONE

Cl. M⁰ **Antoine Lebel**, docteur, théologal de Chalon.

N. Messire **Claude de Clugny de Ferrières**, seigneur de Vil-
largeau.

T. Et. M⁰ **Jean Regnauldin**, lieutenant-général en la chancellerie.
M⁰ **Claude Guilliaud**, procureur postulant au bailliage.

---

(1) Il n'existe aucun fief de ce nom dans le Mâconnais ; ce doit être une erreur
de copiste.

BAILLIAGE DE MACON

Cl. Noble et vénérable M᷎ **Philippe Gayant**, archidiacre, chanoine, official et grand vicaire de Mâcon.

N. Le seigneur de **Tournon**.

T.-Et. M᷎ **Gilbert Regnaud**, de Vaux, juge de Cluny.

ETATS GÉNÉRAUX TENUS A BLOIS

EN 1576

BAILLIAGE D'AUTUN

Cl. Révérend père en Dieu Messire **Charles Aillebouat**, évêque d'Autun.

N. **Humbert de Marcilly de Cipierre**, seigneur de la Motte-Ternant.

T.-Et. M᷎ **Georges Venot**, avocat audit Autun, bailli du chapitre. — M᷎ **Claude Bertheault**, écuyer, seigneur de La Vesvres, vierg d'Autun.

BAILLIAGE DE CHALON-SUR-SAONE

Cl. Noble maître **Adrien de Rouvray**, aumônier du roy, doyen de Beaune et prieur de Chaigny.

N. **Nicolas de Bauffremont**, seigneur de Senneçey, bailli de Chalon.

T.-Et. M᷎ **Nicolas Julien**, maire dudit Chalon.

M᷎ **Claude Guilliaud**, enquesteur au bailliage.
Députés généraux de Chalon.

M᷎ Pierre Ville lieu, procureur et notaire royal ;

M᷎ Benoiat Laurin ;
Députés particuliers pour ledit Chalon, qui n'ont vérifié leurs pouvoirs.

COMTÉ ET BAILLIAGE DE CHAROLOIS

N. **Antoine de Vichy**, seigneur de Champrond.

T.-Et. **Gérard Saulnier**, lieutenant-général au bailliage.

BAILLIAGE DE MACON

Cl. Révérend père Messire **Antoine d'Amanzé**, abbé commendataire de Saint-Rigaud.

N. Messire **René de Rochebaron**, seigneur de Berzé.

T.-Et. M᷎ **Jean Boyer**, seigneur de Trades, juge-mage de Cluny.

ETATS GÉNÉRAUX TENUS A BLOIS
EN 1588

BAILLIAGE D'AUTUN

Cl. Noble M⁰ **Guy de la Tournelle**, docteur ès-droits, doyen de l'église cathédrale d'Autun. — M⁰ **Jean-Philippe Bourgeois**, chanoine, syndic du chapitre.

N. M. **François de Rabutin**, seigneur de La Vaux et d'Epiry.

T.-Et. M⁰ **Odet de Montagu**, vierg d'Autun, lieutenant-général en la chancellerie. — M⁰ **Phillibert Venot**, échevin de ladite ville et avocat audit bailliage.

BAILLIAGE DE CHALON-SUR-SAONE

Cl. Messire **Pontus de Tyard**, évêque de Chalon.

N. M. **Claude de Bauffremont**, baron de Senneceÿ, bailli de Chalon.

T.-Et. M⁰ **François de Thésut**, conseiller audit bailliage. — M⁰ **Salomon Clerguet**, avocat audit bailliage, bailli de l'évesché.

BAILLIAGE DE CHAROLLOIS

Cl. Messire **Hugues Dagonneau**, primicier de l'église collégiale de Charolles.

N. **Antoine de Vichy**, seigneur de Champrond.

T.-Et. M⁰ **Gérard Saulnier**, lieutenant-général au bailliage. — M⁰ **Claude Muleteste**, avocat au bailliage.

BAILLIAGE DE MASCON

Cl. Noble homme **Antoine de Laubespin**, chantre et chanoine de l'église de Mâcon. — Dom **Antoine Georges**, procureur et vicaire général de l'abbé de Cluny.

N. M. **Jacques de La Guiche**, seigneur de Sivignon, gentilhomme ordinaire de la chambre du roy.

T.-Et. M⁰ **Phillibert Burjot**, lieutenant-général civil et criminel au bailliage de Masconnois.

ÉTATS GÉNÉRAUX DE LA LIGUE
TENUS A PARIS EN 1593

BAILLIAGE D'AUTUN

Cl. **Pierre Saulnier**, évêque d'Autun. — **Nicolas Jeannin**, chanoine de l'église d'Autun, abbé de Saint-Bénigne, prieur de Larrey et de Saint-Vivant-sous-Vergy.

N. M. **François de Rabutin**, chevalier, seigneur de La Vaux, baron d'Epiry et de Forleans.

T.-Et. M° **Jacques Venot**, avocat au parlement de Dijon, conseiller à la Cour des Comptes de Dijon.

BAILLIAGE DE CHALON-SUR-SAONE

Cl. **Cyrus de Tyard**, chanoine et grand-archidiacre de l'église cathédrale de Chalon, élu évêque de la même ville.

T.-Et. **Claude Languet**, sieur de Saint-Côme, ancien maire de la ville.

BAILLIAGE DE MACON

Cl. **Eustache de Gouy**, chanoine et archidiacre de l'église cathédrale de Mâcon, prieur de la Grange-des-Bois, élu triennal du clergé du Mâconnais.

T.-Et. **Antoine Mercier**, élu triennal des Etats du comté de Mâcon.

N. B. — Antoine d'Amanzé, seigneur de Fougères, élu triennal de la Noblesse, désigné pour la représenter, s'est excusé.

ORDRE DE CLUNY

Dom **Etienne Permet**, religieux profès de l'ordre de Cluny, prieur de Saint-Pierre d'Abbeville.

ÉTATS GÉNÉRAUX TENUS A PARIS
EN 1614

BAILLIAGE D'AUTUN

Cl. Vénérable et discrette personne Messire **André Venot**, grand-chantre et chanoine de l'église dudit Autun, député pour les ecclésiastiques dudit bailliage.

N. Messire **Léonor de Rabutin**, chevalier, seigneur et baron d'Epiry et Bussy, gentilhomme ordinaire de la chambre du roy.

T.-Et. Me **Phillbert Venot**, avocat audit bailliage. — Me **Simon de Montagu**, lieutenant-général en la chancellerie d'Autun, vierg dudit lieu.

BAILLIAGE DE CHALON-SUR-SAONE

Cl. Révérendissime père en Dieu Messire **Cyrus de Tyard**, conseiller du roy en ses Conseils d'Etat et privé, évesque de Chalon, député pour les ecclésiastiques dudit bailliage.

N. Messire **Henry de Bauffremont**, chevalier, seigneur et baron de Sennecey.

T.-Et. Me **Guillaume Prisque**, seigneur de Serville, lieutenant-criminel au bailliage de Chalon. — Me **Abraham Perrault**, conseiller audit bailliage, et maire de ladite ville.

BAILLIAGE DE CHAROLLOIS

Cl. Révérend frère **Nyzier des Molins**, docteur en théologie, curé de l'église Notre-Dame en la ville de Paray, député pour les ecclésiastiques dudit bailliage.

N. Messire **Théophile de Damas**, chevalier, seigneur et baron de Digoine, enseigne de cent hommes d'armes sous monseigneur le duc de Mayenne.

T.-Et. Me **Claude Maleteste**, avocat au bailliage de Charollois. — Me **Claude de Ganay**, seigneur de Montaiguillon, lieutenant au bailliage de Charollois.

BAILLIAGE DE MACON

Cl. Révérendissime père en Dieu Messire **Gaspard Dinet**, conseiller du roy, évesque de Mâcon, député pour les ecclésiastiques dudit bailliage.

N. Messire **Léonard de Semur**, chevalier, seigneur de Trémont, lieutenant de la compagnie des gendarmes de M. le Grand.

T.-Et. Messire **Hugues Foillard**, conseiller du roy, et lieutenant-général au bailliage de Mâcon.

ASSEMBLÉE CONSTITUANTE

5 mai 1789 — 30 septembre 1791

Le 19 novembre 1787, le roi Louis XVI, sous la pression des difficultés financières, fit connaître au Parlement de Paris son intention de
convoquer les Etats Généraux au plus tard en 1791. L'Arrêt du Conseil
d'État du 5 juillet 1788 prescrivit des recherches dans les dépôts
des diverses provinces relativement aux formes anciennement usitées
dans les convocations et les élections aux Etats Généraux, et invita,
en outre, tous les savants et personnes instruites du royaume à
adresser au garde des sceaux des renseignements et mémoires sur cet
objet.

La tenue des Etats Généraux, fixée d'abord au 1er mai 1789 par
Arrêt du Conseil d'État du 8 août 1788, fut avancée au mois de
janvier 1789 par la Déclaration du Roi du 23 septembre 1788.
L'Arrêt du Conseil d'Etat du 3 octobre 1788 convoqua pour le 3 novembre suivant une Assemblée de notables, à l'effet de délibérer sur le
mode de formation des Etats Généraux.

Ce fut à la suite des travaux de cette assemblée que parut l'acte
décisif, en date du 27 décembre 1788, portant pour titre : *Résultat
du Conseil touchant les Etats Généraux*, qui décida, conformément
au rapport du ministre des finances Necker : 1° Que le nombre des
députés aux Etats Généraux serait au moins de 1,000; 2° Que ce
nombre serait, autant que possible, réparti entre les bailliages et sénéchaussées proportionnellement à leur population et à leurs contributions; 3° Que le nombre des députés du Tiers-Etat serait égal à celui
des deux autres ordres réunis.

Le 24 janvier 1789, les lettres de convocation des Etats Généraux à
Versailles, pour le 27 avril suivant (1), furent adressées aux gouver-
neurs de provinces, qui les firent parvenir aux baillis et sénéchaux
de leurs gouvernements.

A la même date fut publié un règlement fixant le mode suivant
lequel auraient lieu les élections, et en déterminant tous les détails.
Ce Règlement du 24 janvier 1789 constitue la véritable loi électorale

(1) La date de l'ouverture des Etats Généraux fut reportée au lundi 4 mai 1789,
par un ordre du Roi en date du 25 avril 1789.

suivant laquelle se firent les élections à l'Assemblée Constituante de 1789, et il est intéressant à ce titre d'en analyser les principales dispositions.

La circonscription électorale qui sert de base à l'élection, c'est le *Bailliage* ou *Sénéchaussée;* un tableau annexé au Règlement indique, pour chaque bailliage, le nombre de députations auxquelles il a droit d'après son importance; chaque députation se composant d'un député du Clergé, d'un de la Noblesse, et de deux du Tiers-Etat. Il est distingué deux classes de bailliages : les uns, dits bailliages *principaux,* auxquels est accordé le droit de députer directement; les autres, dits bailliages *secondaires,* qui n'ont pas le droit de députer directement, mais seulement conjointement et secondairement avec les bailliages de la première classe autour desquels ils sont groupés.

Dans l'*Ordre du Clergé* sont électeurs tous les ecclésiastiques possédant bénéfice et les curés des paroisses; ils doivent comparaître, soit en personne, soit par procureur fondé, à l'assemblée générale du clergé du bailliage. Sont également électeurs, mais sans avoir la faculté de se faire représenter, les autres ecclésiastiques engagés dans les ordres et non résidant dans les villes.

Quant aux ecclésiastiques non possédant bénéfice et résidant dans les villes, ils devront se réunir chez le curé de la paroisse sur laquelle ils résident et choisir des députés, pour les représenter à l'assemblée du clergé du bailliage, à raison d'un sur vingt ecclésiastiques présents et au dessous, deux au dessus de vingt jusqu'à quarante, et ainsi de suite. Les chanoines auront droit à nommer un député par dix chanoines présents, deux au dessus de dix jusqu'à vingt, et ainsi de suite. Les autres corps et communautés ecclésiastiques rentés, réguliers, des deux sexes, auront droit à se faire représenter par un seul député.

Dans l'*Ordre de la Noblesse,* tout noble possédant fief est électeur et doit assister à l'assemblée de la noblesse du bailliage, soit en personne, soit par procureur; les femmes ou les mineurs, possesseurs de fiefs, jouissant de la noblesse, peuvent se faire représenter par des procureurs pris dans leur ordre. Les nobles non possédant fief, mais ayant la noblesse acquise et transmissible, sont également électeurs, s'ils sont âgés de vingt-cinq ans, nés Français ou naturalisés, et domiciliés dans le ressort du bailliage, mais sans pouvoir se faire représenter par procureur.

Ceux des ecclésiastiques ou des nobles, qui possèdent des bénéfices ou des fiefs situés dans plusieurs bailliages, peuvent se faire représenter dans chacun de ces bailliages par un procureur de leur ordre.

On voit donc que, pour l'ordre de la Noblesse, le suffrage est direct; il l'est également, à quelques exceptions près, pour le Clergé.

Dans l'*Ordre du Tiers-Etat*, il en est autrement; le suffrage est à deux, et parfois à trois degrés.

Les habitants des paroisses et communautés de campagne, des bourgs et des petites villes, s'assemblent en la forme ordinaire devant le juge du lieu, ou, en son absence, devant tout autre officier public. Ont droit d'assister à ces assemblées tous les habitants composant le Tiers-Etat, nés Français ou naturalisés, âgés de vingt-cinq ans, domiciliés et compris au rôle des impositions. Ces assemblées rédigent le cahier de la localité et choisissent des députés, à raison de deux pour deux cents feux et au dessous, trois au dessus de deux cents feux, quatre au dessus de trois cents, et ainsi de suite.

Dans les villes d'une certaine importance (dénommées en l'état annexé au Règlement), les habitants s'assemblent d'abord par corporations : les corporations d'arts et métiers choisissent un député à raison de cent individus et au dessous présents, deux au dessus de cent, trois au dessus de deux cents, et ainsi de suite; les corporations d'arts libéraux, négociants, armateurs, etc., nomment deux députés à raison de cent et au dessous, quatre au dessus de cent, six au dessus de deux cents, et ainsi de suite. Les habitants composant le Tiers-Etat des villes et non compris dans les corporations, se réunissent aussi et nomment deux députés pour cent individus présents et au dessous, quatre au dessus de cent, six au dessus de deux cents, et ainsi de suite.

Ces membres élus par les diverses corporations et habitants de la ville, se réunissent en assemblée générale du Tiers-Etat de la ville, rédigent le cahier des plaintes et doléances de ladite ville, et choisissent les députés (en nombre fixé par l'état annexé au Règlement) qui représenteront la ville à l'assemblée du bailliage.

Les députés ainsi nommés par les assemblées particulières du Tiers-Etat, dans les paroisses et communautés, dans les bourgs et dans les villes de chaque bailliage ou sénéchaussée, se réunissent en assemblée générale, au chef-lieu du bailliage, pour y fondre leurs cahiers en un seul et arrêter ainsi le *Cahier du Tiers-Etat du bailliage*. Dans les bailliages principaux, qui ne comprennent pas de bailliages secondaires dans leur arrondissement, c'est cette assemblée générale qui procède directement à l'élection des députés destinés à représenter le Tiers-Etat du bailliage aux Etats Généraux (1). Mais

(1) Toutefois, lorsque le nombre des députés excède 200, l'art. 31 *in fine* du

dans les bailliages principaux, auxquels ont été annexés des bailliages secondaires, les députés du Tiers-Etat de chacun des bailliages devront d'abord se réunir à leurs chef-lieux respectifs en *Assemblée préliminaire*, pour y fondre leurs cahiers en un seul, dit *Cahier particulier du Tiers-Etat* du bailliage, et nommer le quart d'entre eux (1) à l'effet de les représenter à l'*Assemblée générale* qui se tiendra au principal bailliage, assemblée qui arrêtera le *Cahier général du Tiers-Etat* desdits bailliages, et choisira leurs députés aux Etats Généraux.

L'assemblée générale des trois Ordres, tenue au chef-lieu du bailliage, se compose des membres du Clergé, de ceux de la Noblesse, et des représentants du Tiers-Etat choisis ainsi qu'il vient d'être dit; elle est présidée par le bailli ou son lieutenant. Chaque ordre rédige ses cahiers et nomme ses députés séparément; les députés aux Etats Généraux sont élus au scrutin secret et à la pluralité des voix; il doit être procédé à autant de scrutins distincts qu'il y a d'élections à faire.

L'art. 48 du Règlement ne prévoit l'élection de suppléant que lorsque le choix du bailliage tombe sur une personne absente; mais en fait on nomma, dans nombre de bailliages, des suppléants sans s'astreindre à aucune règle. Le Règlement du 3 mai 1789 statue que ces suppléants ne seront admis à siéger qu'en cas de décès (et il faut ajouter : de démission) du député qu'ils ont mission de remplacer.

L'exemple suivant, emprunté aux élections du bailliage d'Autun, fera mieux comprendre ce que cette règlementation, un peu compliquée, peut avoir d'obscur au premier abord.

Aux termes du *Règlement fait par le Roi pour l'exécution de ses lettres de convocation aux Etats Généraux dans sa province de Bourgogne* (2), en date du 7 février 1789, le bailliage d'Autun eût, comme en 1614, le droit de députation directe, et on lui annexa les trois bailliages secondaires de Montcenis, Semur-en-Brionnois, et Bourbon-Lancy, qui n'avaient pas le droit de députer directement. Ces quatre bailliages réunis eurent droit à une députation composée d'un membre du Clergé, un de la Noblesse, et deux des Tiers-Etat.

En conséquence, l'ordonnance de convocation rendue le 28 février

Règlement prescrit qu'ils devront se réduire audit nombre de 200 pour l'élection des députés aux Etats Généraux.

(1) Cette réduction au quart, prescrite au cas où plusieurs bailliages se trouvent réunis, a pour but, dit l'article 31, de prévenir des assemblées trop nombreuses, et aussi de diminuer les peines et les frais de voyage, plus longs et plus multipliés d'un grand nombre de députés.

(2) Ce Règlement est rapporté aux *Archives parlementaires* (t. I, p. 637).

1789 par le grand Bailli d'épée aux sièges de l'Autunois *Ferdinand comte de Grammont*, fixa au 28 mars suivant l'assemblée générale des trois Ordres des quatre bailliages. Les membres du Clergé des quatre bailliages, ainsi que les électeurs de l'ordre de la Noblesse, furent assignés d'avoir à s'y rendre, en personne ou par procureur, selon les dispositions du Règlement du 24 janvier; les officiers municipaux des villes, bourgs, paroisses et communautés de campagne durent, dans la huitaine, convoquer tous les habitants appartenant au Tiers-Etat, à l'effet de rédiger leurs cahiers de doléances, et choisir les députés destinés à les représenter à la réunion.

En exécution de ces mesures, les habitants des soixante-huit bourgs, paroisses et communautés dépendant du bailliage d'Autun se réunirent, rédigèrent leurs cahiers respectifs de doléances, et se choisirent, pour les représenter, un nombre de députés proportionnel au nombre des feux, conformément au Règlement du 24 janvier. De même, les habitants de la ville d'Autun, — ville dénommée en l'Etat annexé au Règlement comme devant envoyer 12 députés à l'assemblée du bailliage, — se réunirent par corporations les 15 et 16 mars à l'Hôtel-de-Ville; chacune des corporations choisit un nombre de délégués proportionnel au nombre de ses membres, et ces délégués, réunis en assemblée générale, rédigèrent le *Cahier du Tiers-Etat de la ville d'Autun*, et élurent les douze députés destinés à représenter le Tiers-Etat de la ville à l'assemblée du bailliage. Le nombre total de ces députés du Tiers-Etat, tant de la ville que des bourgs, paroisses et communautés du bailliage, se trouva être de cent cinquante-et-un; ils se réunirent à Autun le 17 mars en *Assemblée préliminaire du Tiers-Etat*, arrêtèrent le *Cahier particulier du Tiers-Etat du bailliage d'Autun*, et choisirent le quart d'entre eux, soit trente-huit, pour les représenter à l'Assemblée Générale des trois Ordres des quatre bailliages.

On procéda de même dans les trois bailliages secondaires : les habitants des villes, bourgs, paroisses et communautés rédigèrent leurs cahiers respectifs et choisirent des députés d'après le nombre de leurs feux. Ces députés se réunirent en *Assemblée préliminaire* au chef-lieu de chaque bailliage, arrêtèrent le *Cahier particulier du Tiers-Etat du bailliage* et choisirent le quart d'entre eux pour les représenter à l'Assemblée générale des trois Ordres, savoir : le bailliage de Montcenis, vingt-cinq députés; celui de Semur-en-Brionnois, dix-huit députés; celui de Bourbon-Lancy, douze députés.

L'Assemblée générale des trois Ordres s'ouvrit à Autun, en l'église du couvent des Cordeliers, le 23 mars 1789 et se trouva composée de la façon suivante :

1° Clergé des quatre bailliages : 205 membres.

2° Noblesse des quatre bailliages : 121 membres.

3° Tiers-Etat des quatre bailliages : 93 membres.

Chaque ordre procéda séparément à la vérification de ses pouvoirs, à la rédaction de ses cahiers, et à l'élection de ses députés aux Etats Généraux ; les élus prêtèrent serment en séance générale ; l'assemblée se sépara le 6 avril.

Voici quel fut le nombre de représentants aux Etats Généraux accordé, par le Règlement spécial à la province de Bourgogne, aux divers bailliages, dont le territoire a servi, à très peu de chose près, à former la circonscription actuelle du département de Saône-et-Loire (1).

Le *bailliage d'Autun* — y compris ses trois secondaires de Montcenis, Semur-en-Brionnois, et Bourbon-Lancy — eut droit à une députation, soit quatre représentants : un député du Clergé, un de la Noblesse et deux du Tiers-Etat.

Le *bailliage de Chalon-sur-Saône* — qui, outre le Chalonnais proprement dit, comprenait, sous le nom de Bresse Chalonnaise, l'arrondissement actuel de Louhans — eut deux députations, soit huit représentants.

Le *bailliage de Charolles*, une députation, ou quatre représentants.

Le *bailliage de Mâcon*, une députation, ou quatre représentants.

Au total, Saône-et-Loire — ou du moins le territoire qui la forma

---

(1) Tous les documents relatifs aux élections aux Etats Généraux de 1789 : adresses et lettres de félicitations relatives à la convocation ; correspondance administrative ; délibérations des villes ; procès-verbaux des opérations électorales ; cahiers ; avaient été réunis en 1790 par les soins du Garde des sceaux Barentin et classés par Roadonneau, ancien secrétaire de la commission nommée pour la convocation des Etats Généraux, chargé de la garde du dépôt de la chancellerie. Ils furent demandés en communication par l'archiviste de l'Assemblée Constituante, Camus, qui en fit prendre des copies dont la réunion forme deux séries : l'une de 166 registres, contenant les actes relatifs à la convocation et aux élections de 1789, classés par ordre alphabétique de bailliages et sénéchaussées, l'autre de 11 registres, contenant les délibérations des villes et communautés antérieures aux assemblées électorales. (Cf. *Musée des Archives Nationales*, p. 654, un vol. in-4°; Paris, Plon, 1872).

Ces registres forment une magnifique collection sous la cote *Arch. Nat.* B. III.

Bailliage d'Autun. B. III, 13.

Bailliage de Chalon-sur-Saône. B. III, 11.

Bailliage de Charolles. B. III, 45.

Bailliage de Mâcon. B. III, 77.

plus tard — comptait vingt représentants à l'Assemblée Constituante, composée elle-même de 1214 membres (1).

BAILLIAGE D'AUTUN

(Montcenis, Semur-en-Brionnois, Bourbon-Lancy.)

CLERGÉ

Le Clergé élut député à la presque unanimité de 196 votants :
Talleyrand-Périgord (Charles-Maurice de), évêque d'Autun.

NOBLESSE

La Noblesse élut député :
Digoine marquis du Palais (Ferdinand-Alphonse-Honoré de), seigneur de Mailly, près Semur-en-Brionnois, y résidant.
Et comme suppléant :
Fontenay (Anne-Paul de), seigneur de Sommant, résidant à Autun.

TIERS-ÉTAT

Les deux élus du Tiers-Etat furent :
Repoux (Jean-Marie), avocat à Autun.
Verchère de Reffye (Hugues-François), avocat à Marcigny-sur-Loire.

BAILLIAGE DE CHALON-SUR-SAONE

L'assemblée générale des trois Ordres s'ouvrit le 24 mars, et les opérations durèrent jusqu'au 6 avril. Le Procès-Verbal n'indique ni

(1) Le nombre des membres de l'Assemblée Constituante de 1789 est rapporté par les historiens et publicistes avec beaucoup de diversité et d'inexactitudes. On peut s'étonner que ce point fondamental, lorsqu'il s'agit d'une assemblée comme la Constituante, n'ait pas été précisé avec plus de soin. Le chiffre de 1214 est celui qui résulte de la liste des députés donnée à l'Introduction du Moniteur. Il n'est pas absolument exact ; car on peut remarquer que les noms de plusieurs députés, décédés ou démissionnaires dès les premières séances de l'Assemblée, y figurent en même temps que ceux des suppléants qui les remplacèrent. En outre, il ne comprend pas les noms des députés des Colonies, sauf ceux de Saint-Domingue, au nombre de 6, qui sont classés parmi le Tiers-Etat.

Les Colonies furent représentées de la façon suivante à l'Assemblée Constituante : Saint-Domingue : 6 députés. — Martinique : 2. — Guadeloupe et Marie-Galande : 5. — Pondichéry et Indes-Orientales : 2. — Isle de France : 2. — Total : 17. Mais la plupart de ces députés n'entrèrent à l'Assemblée constituante que longtemps après sa réunion.

Le chiffre de 1214 se décompose ainsi :

    Clergé : 308.
    Noblesse : 285.
    Tiers-Etat : 621.

Le Tiers-Etat se trouva donc, contrairement au Règlement, un peu supérieur, en nombre aux deux autres ordres réunis. Cette anomalie s'explique par ce fait qu'en certains bailliages la Noblesse refusa de prendre part aux élections en manière de protestation contre le principe du doublement du Tiers.

le nombre des membres du Clergé, ni celui des membres de la Noblesse présents à l'Assemblée ; les députés du Tiers-Etat élus par les villes, bourgs, paroisses et communautés étaient au nombre de 558, qui se réduisirent à 215 avant de procéder à l'élection de leurs députés aux Etats Généraux (1).

CLERGÉ

Les deux députés du Clergé furent :

Genetet (Philibert), curé d'Etrigny.

Oudot (François), curé de Savigny-en-Revermont.

Elus tous les deux par 191 voix.

NOBLESSE

Bernard marquis de Sassenay (Claude-Henry-Etienne), capitaine de cavalerie, demeurant à Dijon.

Burignot de Varennes fils (Philibert-Jacques), écuyer, demeurant à Chalon-sur-Saône.

Suppléant : **Bernard de Montessus, comte de Rully** (Antoine-Charles-Gabriel), chevalier, mestre de camp du régiment du Maine.

TIERS-ÉTAT

Petiot (Jean-Joseph), procureur du roi au bailliage de Chalon-sur-Saône ; élu par 193 voix sur 215 votants.

Paccard (Antoine-Marie), avocat à Chalon, élu par 190 voix.

Bernigaud (Jean-Louis), seigneur de Granges, écuyer, lieutenant-général du bailliage, élu par 142 voix.

Sancy père (Jean-Baptiste), avocat à Chalon, élu par 162 voix.

Suppléants : **Sancy fils** (Charles), lieutenant particulier civil au bailliage de Chalon-sur-Saône. — **Mathias**, avocat à Chalon-sur-Saône.

BAILLIAGE DE CHAROLLES

L'assemblée générale des trois Ordres s'ouvrit le 20 mars, et les opérations durèrent du 20 au 27 mars.

CLERGÉ

Le clergé, au nombre de 82 membres présents et votants, élut député à la pluralité des voix :

Baudinot (Adrien), licencié en théologie, curé de la ville de Paray.

Et, attendu son absence, lui donna pour adjoint et suppléant :

Pocheron (Sébastien), curé de Champvent.

(1) Ils auraient même dû se réduire à 200, aux termes du Règlement ; le nombre de 215 leur fut concédé par le Garde des sceaux, sur la demande du lieutenant-général du bailliage, en raison du nombre considérable des feux composant le bailliage de Chalon.

Baudinot n'accepta sans doute pas sa nomination ; car dès la réunion de l'Assemblée Constituante, le Procès-Verbal constate l'admission de Pocheron en qualité de député.

NOBLESSE

La Noblesse, au nombre de 31 membres présents, élut député :
Frottier marquis de La Coste de Messellères (Benjamin-Éléonore-Louis), ambassadeur à Deux-Ponts.
Et, vu son absence, nomma suppléant :
Mayneaud de Laveaux (Etienne), capitaine de dragons, résidant à Paray.

TIERS-ÉTAT

Geoffroy (Claude-Jean-Baptiste), avocat, demeurant à Lyon, actuellement à Dravers, paroisse de Champrent ; élu 1er député, à un scrutin de ballotage, à l'unanimité moins 20 voix.
Fricaud (Claude), avocat et subdélégué, demeurant à Charolles ; élu député à un deuxième tour par 103 voix.
Suppléant : **Baudinot** (Claude-François), avocat à la Cour, bailly de Paray, y demeurant.

BAILLIAGE DE MACON

L'assemblée générale des trois Ordres s'ouvrit le 16 mars, et les opérations durèrent du 16 au 30 mars. Voici la liste des députés qui furent élus :

CLERGÉ

Ducret (Jean), bachelier de Sorbonne, prêtre et curé de la paroisse Saint-André de Tournus.

NOBLESSE

La Baume, comte de Montrevel et du Saint-Empire (Florent-Melchior-Alexandre), maréchal des camps et armées du Roi.

TIERS-ÉTAT

La Métherie-Sorbier (Antoine de), avocat en Parlement, demeurant au bourg de La Clayette.
Merle (Marie-André), maire de la ville de Mâcon.

MODIFICATIONS SURVENUES PENDANT LA SESSION

Les modifications suivantes se produisirent dans cette députation au cours de la session de l'Assemblée Constituante :

Dans la séance du 31 octobre 1789, *Sancey père*, député des communes du bailliage de Chalon, ayant adressé sa démission,

Saucy fils, premier suppléant de son ordre, est appelé à le remplacer (1).

Dans la séance du 10 novembre 1789, *Bernard de Sassenay*, député de la Noblesse du même bailliage, ayant donné sa démission, le *comte de Rully*, suppléant de son ordre, est appelé à le remplacer (2).

(1) *Proc.-Verb. de l'Ass. Nat.*, n° 113 (tom. VI). Le *Procès-Verbal de l'Assemblée Nationale*, imprimé par son ordre chez Baudouin, forme 782 numéros en 75 vol. in-8°; plus 5 vol. de tables, publiées en l'an XIV à l'Imp. Nat. par l'archiviste de la République.

(2) *Ibid*, N° 121 (tom. VI). — L'entrée de *Rully* à l'Assemblée Nationale, en remplacement de *Bernard de Sassenay*, n'est pas douteuse; elle est formellement indiquée au Procès-Verbal et il est en outre certain qu'il prit part aux travaux de l'Assemblée. Cependant, non seulement son nom ne figure pas à l'*Almanach National*; mais, chose plus curieuse! dans une lettre adressée au *Moniteur* (N° du 7 juin 1790) et datée de Le Cielat, 29 mai 1790, relative au massacre de son frère, colonel du régiment du Maine, par la populace de Bastia, il signe : « le Chevalier de Rully, *député suppléant à l'Assemblée Nationale* », et cependant il y était entré depuis le 10 novembre de l'année précédente.

ASSEMBLÉE LÉGISLATIVE

1ᵉʳ octobre 1791 — 21 septembre 1792

L'Assemblée Constituante, par la Constitution du 3-14 septembre 1791, établit une assemblée unique, élue pour deux ans par le suffrage à deux degrés, et composée de 745 membres distribués entre les 83 départements selon les trois proportions du territoire, de la population et de la contribution directe (1).

Le département de Saône-et-Loire fut créé par le Décret du 15 janvier-16 et 26 février 1790 ; le Décret du 27-28 et 29 mai 1791 art. 5) lui attribua 11 députés (2). Des suppléants, en nombre égal au tiers du nombre des députés (4 pour le département de Saône-et-Loire), et destinés à les remplacer en cas de mort ou de démission, devaient être élus en même temps aux termes de la Loi du 22 décembre 1789 (sect. I, art. 33).

La Constitution de 1791 — qui régit, quoique non encore promulguée, les élections des députés à l'Assemblée Législative — reproduisait, mais avec d'assez importantes modifications, les dispositions de la Loi du 22 décembre 1789.

Le suffrage est à deux degrés, et l'élection des députés a lieu par département.

---

(1) L'Assemblée Constituante n'eut pas le temps d'organiser la représentation des Colonies au Corps Législatif et laissa à la Législature suivante le soin de résoudre cette question : celle-ci, par suite de sa courte durée, n'en eut pas le temps non plus ; de sorte que, malgré de fréquentes et vives réclamations, les Colonies n'eurent pas de représentants au sein de l'Assemblée Législative. Toutefois, à la séance du 19 mars 1792, *Bertrand* (Louis-Marie) fut admis, après de longs retards et une vive discussion, comme député de l'Isle-de-Bourbon ; il avait été élu par cette colonie député à la Constituante et n'était arrivé à Paris qu'après la séparation de cette assemblée, trop tard par conséquent pour y prendre séance.

Le nombre des membres de l'Assemblée Législative fut encore augmenté par le Décret du 21-23 mars 1792, organisant les États d'Avignon et le Comtat-Venaissin en 3 districts, et leur donnant le droit de nommer 3 députés et 2 suppléants. Le *Proc. Verb. de l'Ass. Lég.* ne mentionne l'admission que de deux de ces députés : *Rovère*, de Lozère (3 juill. 1792) et *Gérenis*, de Vaucluse (27 août 1792).

(2) Suivant le rapport de Démeunier (*Proc.-Verb. de l'Ass. Nat.* n° 603 ; tom. 57), le chiffre de la population active de Saône-et-Loire était de 67,455 et celui de la population effective de 412,600. Le nombre des citoyens actifs pour tout le Royaume était de 4,298,360 et la population effective d'environ 25,065,000 habitants.

A cet effet, les *citoyens actifs* se réunissent tous les deux ans, le second dimanche de mars, en assemblées primaires, au chef-lieu de canton,

Pour être citoyen actif, il faut être né ou devenu Français, âgé de 25 ans, domicilié depuis un an dans le canton, et payer une contribution directe égale au moins à la valeur de trois journées de travail, et n'être pas en état de domesticité. Les assemblées primaires nomment les électeurs à raison de 1 par 100 citoyens actifs, 2 depuis 151 jusqu'à 250, et ainsi de suite.

Pour être nommé électeur, il faut réunir, aux conditions nécessaires pour être citoyen actif, la qualité de propriétaire ou usufruitier d'un bien évalué sur les rôles de contribution à un revenu égal à la valeur locale de 200 journées de travail dans les villes au-dessus de 6,000 âmes; de 150, dans les autres lieux; ou locataire d'un immeuble évalué sur les mêmes rôles à la valeur de 150 journées de travail ou de 100 seulement, selon que la localité où il est situé a plus ou moins de 6,000 habitants; ou encore, dans les campagnes, d'être fermier ou métayer d'un bien évalué sur lesdits rôles à la valeur de 100 journées de travail (1).

Les électeurs se réunissent de plein droit le dernier dimanche de mars, au chef-lieu du département, pour élire le nombre de représentants qui lui est attribué, et un nombre de suppléants égal au tiers de celui des représentants. Peuvent être élus représentant ou suppléants tous les citoyens actifs du département sans autre condition (2). Les représentants sont élus au scrutin individuel · et successif et à la pluralité absolue des suffrages. Aux termes d'une loi du 16 mai 1791, les membres de l'Assemblée Nationale actuelle ne pourront être réélus à la prochaine législature.

L'Assemblée Constituante avait décidé (Décr. du 27-28 et 29 mai 1791) que les assemblées primaires se réuniraient du 12 au 25 juin 1791, et que, douze jours après, les électeurs s'assembleraient au chef-lieu de chaque département pour procéder à la nomination des députés au Corps Législatif. Mais, à la suite de la fuite du Roi et de son arrestation à Varennes, elle décréta le 21 juin 1791 qu'il serait sursis aux nominations à faire par les électeurs aux termes du précé-

(1) La loi électorale du 22 décembre 1789 exigeait seulement des électeurs le paiement d'une contribution de la valeur de 10 journées de travail.

(2) La loi du 22 décembre 1789 exigeait (sect. I, art. 38), pour être éligible à l'Assemblée Nationale, le paiement d'une contribution directe égale à la valeur d'un marc d'argent, et en outre la possession d'une propriété foncière quelconque; condition supprimée dans la Constitution de 1791.

deut Décret. Le Décret du 5-8 août 1791 leva cette suspension, et convoqua les électeurs de tous les départements, pour nommer les députés, du 25 août jusqu'au 5 septembre ; le Décret du 25 septembre 1791 fixa au 1er octobre suivant la date de la réunion de la nouvelle Législature.

En exécution des dispositions précédentes, les électeurs du département de Saône-et-Loire, au nombre de 678, réunis à Mâcon en l'église Saint-Vincent, du 26 août au 5 septembre, procédèrent aux choix suivants (1).

DÉPUTES

1. **Gnrchery** (Pierre), juge de paix du canton de Montcenis, district d'Autun, y demeurant.
2. **Bijon** (Claude-Henri), administrateur du district de Bourbon-Lancy, demeurant aux Brouillards, paroisse de Cronat.
3. **Journet** (Claude-Marie), maire de la ville de Chalon-sur-Saône.
4. **Gelin** (Jean-Marie), notaire, administrateur du directoire du district de Charolles.
5. **Mazuyer** (Claude-Louis), juge au tribunal de district de Louhans.
6. **Rubat fils** (Etienne), juge au tribunal de district de Mâcon.
7. **James** (Claude), juge au tribunal de district de Semur, district de Marcigny.
8. **Desplnces** (Charles), juge de paix du canton de Saint-Prix, district d'Autun.
9. **Cornet jeune** (Jean-François), maire de Chagny, district de Chalon.
10. **Duroussin** (Vivant), juge au tribunal de district de Louhans.
11. **Reverchon** (Jacques), négociant en vins à Vergisson, district de Mâcon.

SUPPLÉANTS

1. **Bnudot** (Marc-Antoine), médecin à Charolles.
2. **Grizard** (Georges-Marie), administrateur du district de Marcigny.
3. **Lavalvre** (Joseph), maire de Bourbon-Lancy.
4. **Lannau** (Victor), premier grand-vicaire épiscopal du département.

MODIFICATIONS SURVENUES PENDANT LA SESSION

Une seule modification se produisit dans cette députation au cours de la session de l'Assemblée Législative :

(1) Le Procès-Verbal de l'assemblée électorale n'indique pas le nombre de voix obtenues par chacun des élus.

A la séance du 10 juillet 1792, *Desplaces* envoie sa démission ; le premier suppléant *Bardet* est appelé à le remplacer (1).

(1) *Pœe. Verb. de l'Ass. Nat.* (tom. X, p. 139). Le *Procés-Verbal de l'Assemblée Nationale Législative*, imprimé par son ordre, Paris, Impr. Nat., 1791-1792 forme 16 vol. in-8°, plus 2 vol. de tables imprimés en l'an X.

Le Procés-Verbal, qui mentionne la démission de Desplaces, a omis de mentionner son remplacement par Bardot. Mais il n'en est pas moins certain que Bardot a siégé à la Législative ; son nom figure dans la liste des députés qui se trouve en tête de la Table des procés-verbaux de cette Assemblée ; et d'autre part, le Procés-Verbal de l'assemblée électorale de Saône-et-Loire pour les élections à la Convention le mentionne comme député actuel au Corps Législatif.

CONVENTION NATIONALE

21 septembre 1792 — 4 Brumaire an IV (26 octobre 1795)

A la suite de la journée du 10 août, l'Assemblée Législative décréta la suspension du Roi et la formation d'une Convention Nationale (Décr. du 10 août 1792).

Un second décret, en date du même jour, et deux autres du 11 août et du 21 août réglèrent les conditions de l'élection. Le mode d'élections à deux degrés, établi par la Constitution de 1791, est maintenu; mais les conditions exigées par cette Constitution pour voter dans les assemblées primaires, et pour être éligible, soit comme électeur, soit comme député, sont modifiées. Aux termes de ces décrets, toute distinction entre les citoyens actifs et non actifs est supprimée : pour être admis à voter dans les assemblées primaires, il suffit d'être Français, âgé de 21 ans, domicilié depuis un an, vivant de son revenu ou du produit de son travail, et non en état de domesticité; il suffit pour être éligible, soit comme électeur, soit comme député, de joindre aux conditions précédentes, celle d'être âgé de 25 ans; toute condition de cens est abolie.

Le nombre des députés et des suppléants reste le même que pour la précédente Législature (1) (Décr. du 11-12 août 1792, art. 4); les assemblées primaires sont convoquées pour le 12 août (*Ibid.* art. 7), et les électeurs nommés par elles se réuniront le 2 septembre pour

---

(1) Néanmoins, au moment de sa réunion, et aussi à l'époque du jugement de Louis XVI, le nombre légal des membres de la Convention était de 749 et non de 745. En effet, le département des Bouches-du-Rhône, qui était augmenté du district de Vaucluse (Décr. du 25-28 mars 1793), envoya 12 députés à la Convention, tandis qu'il n'en avait que 10 à la Législative; et le département de la Drôme, grossi du district de Loutrèze, envoya 9 députés à la Convention, au lieu de 7 qu'il avait à la Législative.

Plus tard, ce chiffre de 749 membres de la Convention s'accrut notablement, d'abord par l'arrivée des députés des Colonies dont le nombre avait été fixé à 32 par le décret du 22-23 août 1792; puis par l'annexion à la France de plusieurs pays organisés en départements nouveaux, dont la représentation fut fixée de la façon suivante :

Mont-Blanc : 10 députés (Décr. du 27 nov. 1792).

Alpes-Maritimes : 3 députés (Décr. du 4-7 févr. 1793).

Jemmapes : 10 députés (Décr. du 2 mars 1793).

On peut s'étonner que ce point qui a son intérêt : le chiffre exact des membres de la Convention aux diverses époques de son histoire, n'ait été précisé par aucun historien.

procéder à l'élection des députés à la Convention Nationale (art. 8) ; un tableau joint à ce décret fixe le lieu de réunion du corps électoral dans chacun des départements. Mais un nouveau décret des 13-19 août 1792 vint changer cette fixation pour un grand nombre de départements, parmi lesquels celui de Saône-et-Loire, dont le corps électoral devra se réunir en la ville de Chalon-sur-Saône (1).

L'assemblée électorale de Saône-et-Loire, au nombre de 682 membres présents, se réunit dans cette ville, du 2 au 10 septembre 1792, en l'église des ci-devant Cordeliers, puis en l'église Saint-Vincent ; elle procéda aux choix suivants (2) :

DÉPUTÉS

1. **Gelin** (Jean-Marie), notaire à Charolles, député actuel au Corps Législatif.
2. **Mazuyer** (Claude-Louis), juge du tribunal de Louhans, aussi député actuel.
3. **Carra** (Jean-Louis), journaliste, auteur des *Annales patriotiques* (3).
4. **Guillermin** (Claude-Nicolas), chef de Légion de la garde nationale du district de Louhans.
5. **Reverchon** (Jacques), négociant à Vergisson, district de Mâcon, aussi député actuel.
6. **Guillemardet** (Ferdinand-Pierre-Marie-Dorothée), médecin, maire de la commune d'Autun.
7. **Baudot** (Marc-Antoine), médecin à Charolles, aussi député actuel.
8. **Bertrand** (Mathieu-Nicolas), maire de la commune de Paray-le-Monial, district de Charolles.
9. **Mailly** (Antoine), de Châteaurenaud, président de l'administration du département.
10. **Moreau** (Marie-François), ingénieur à Chalon-sur-Saône, administrateur du département.
11. **Clootz** (Anacharsis), citoyen français par adoption.

SUPPLÉANTS

L'assemblée procéda ensuite à l'élection de six suppléants — au lieu de quatre — « parce qu'il était possible, dit le procès-verbal,

(1) On trouvera ce tableau au *Procès-Verbal de l'Ass. Nat.*, tom. XII, p. 192.
(2) Comme pour l'élection précédente, le Procès-Verbal de l'assemblée électorale n'indique pas le nombre de voix obtenues par chacun des élus : il mentionne seulement le nombre des votants à chacun des scrutins successifs.
(3) *Merle*, ancien constituant, procureur général-syndic du département, présidait l'assemblée électorale ; il fut élu quatrième député, mais il refusa pour raison de santé. L'infortuné devait trouver, un peu plus d'un an après, la mort la plus atroce dans les fusillades des Brotteaux.

« que les citoyens *Carra* et *Cloots* eussent été nommés ailleurs, et
« que le département fût privé d'une représentation utile » ; précau-
tion qui se trouva du reste en partie justifiée.

Furent élus suppléants :

1. **Montgilbert** (François-Agnès), notaire à Bourbon-Lancy.
2. **Jacob** (Claude), procureur-syndic de l'administration de Marcigny.
3. **Chamborre** (Jean-Baptiste), avoué à Mâcon.
4. **Millard** (Charles), commissaire du pouvoir exécutif près le tribunal
   criminel du département.
5. **Roberjot** (Claude), curé de Saint-Pierre de Mâcon, et administrateur du district de cette ville.
6. **Petiton** cadet (Jean-Noël), négociant à Chalon-sur-Saône.

MODIFICATIONS SURVENUES PENDANT LA SESSION (1)

Les modifications suivantes se produisirent dans cette députation
pendant la durée de la session de la Convention nationale :

Dès la réunion de la Convention, *Anacharsis Cloots* ayant opté
pour le département de l'Oise, le premier suppléant *Montgilbert* fut
appelé à faire partie de l'Assemblée (2).

A la séance du 26 mai 1793, *Claude Jacob*, deuxième suppléant, est
admis comme représentant, en remplacement de *Guillermin*, décédé
le 18 avril 1793 (3).

A la séance du 31 juillet 1793, le troisième suppléant *Chamborre*
est appelé à remplacer *Masuyer*, considéré comme ayant abandonné
son poste à la suite des événements du 31 mai (4). *Masuyer* fut
exécuté à mort le 29 ventôse an II (19 mars 1794).

A la séance du 16 vendémiaire an II (7 octobre 1793), le quatrième
suppléant *Millard* est admis à siéger à la place de *Claude Jacob*, qui
avait été nommé receveur du district de Marcigny, et avait quitté son
poste depuis le 16 septembre précédent (5).

A la séance du 26 brumaire an II (16 novembre 1793), le cinquième

<hr>

(1) *Le Procès-Verbal de la Convention Nationale*, imprimé par son ordre, 1792-
an IV, forme 74 volumes in-8°; les tables, rédigées par Camus, existent manus-
crites, sur cartes, aux Archives Nationales, mais n'ont jamais été imprimées; ce
qui rend les recherches à peu près impossibles dans ce vaste recueil. Les renseignements qui vont suivre m'ont été communiqués, avec une parfaite obligeance,
par M. Al. Tuetey, des Archives Nationales, qui m'a ainsi épargné de longues,
et probablement infructueuses recherches dans les 74 volumes du Procès-Verbal.

(2) Cela résulte du registre d'inscription des députés à la Convention, mais il
n'y en a aucune trace au Procès-Verbal.

(3) *Proc. Vert. de la Conv. Nat.*, tom. X, p. 53; tom. XII, p. 176.

(4) *Ibid.*, tom. XVII, p. 397.

(5) *Ibid.*, tom. XXI, p. 5; tom. XXII, p. 113 et 115.

suppléant *Roberjot* est admis à la place de *Carra* exécuté à mort le 10 brumaire an II (1) (1er novembre 1793).

Par décret du 13 prairial an III (1er juin 1795), *Baudot* fut décrété d'arrestation; mais il ne paraît pas avoir été remplacé jusqu'à la fin de la session; il fut compris dans l'amnistie du 4 brumaire an IV (26 octobre 1795).

(1) *Ibid.*, tom. XXV, p 253.

CONSEILS DES ANCIENS ET DES CINQ-CENTS

5 brumaire an IV (27 octobre 1795) — 18 brumaire an VIII (11 novembre 1799)

La Constitution du 5 fructidor an III (22 août 1795) partagea le pouvoir législatif entre deux Assemblées, le *Conseil des Anciens*, et le *Conseil des Cinq-Cents*.

Le Conseil des Anciens se compose de 250 membres, âgés de quarante ans au moins, et mariés ou veufs; le Conseil des Cinq-Cents se compose de 500 membres, âgés de trente ans au moins. Ces deux assemblées sont renouvelables chaque année par tiers.

Le système électoral établi par la Constitution de 1791 est conservé, sauf certaines modifications.

Pour avoir le droit de voter dans les assemblées primaires, c'est-à-dire pour être citoyen actif, il suffit d'être âgé de vingt et un ans, domicilié depuis un an dans le canton, et de payer une contribution directe quelconque. Les assemblées primaires, formées par canton, se réunissent de plein droit le 1er germinal (21 mars) de chaque année et procèdent à la nomination des électeurs. Le nombre de ces derniers est inférieur à celui prescrit par la Constitution de 1791 ; il n'est nommé qu'un électeur par 200 citoyens inscrits.

Pour être nommé électeur, il faut avoir vingt-cinq ans accomplis, et être propriétaire, usufruitier ou fermier d'un bien dont la valeur est fixée selon l'importance des localités (revenu égal à la valeur locale de 100, 150, ou 200 journées de travail. Voir art. 35 de la Constitution). Les assemblées électorales se réunissent au chef-lieu de chaque département le 20 germinal (9 avril) de chaque année et élisent les membres du Corps Législatif.

ÉLECTIONS DE L'AN IV

La Convention — au lieu de s'exclure comme la Constituante du Corps Législatif qui devait lui succéder — décida en principe, par le Décret du 5 fructidor an III (22 août 1795), que le Corps Législatif à élire se composerait pour les deux tiers de membres de la Convention, et qu'il n'en serait nommé qu'un nouveau tiers par les électeurs.

Un autre décret, du 13 fructidor an III (30 août 1795), règle le mode suivant lequel devra se faire cette réélection des deux tiers de la Convention (1).

Les assemblées électorales nommeront d'abord les deux tiers des membres accordés à leur département, en les choisissant, soit dans la députation actuelle de leur département, soit parmi tous les autres membres de la Convention actuellement en activité (2). Ils formeront ensuite une liste supplémentaire, triple de la première, et composée également de membres pris sur la totalité de la Convention, pour le cas où, par suite d'élections multiples, le nombre de ceux qui auraient été réélus ne s'élèverait pas aux deux tiers des membres de l'Assemblée. Les électeurs sont libres de choisir le troisième tiers de leurs députés, soit dans la Convention, soit en dehors.

Un décret du 1 vendémiaire an IV (23 septembre 1795) convoqua les assemblées électorales pour le 20 vendémiaire, et fixa au 15 brumaire suivant l'ouverture des séances du Corps Législatif. Le tableau annexé à ce décret (3) fixait de la façon suivante le nombre de députés à élire par le département de Saône-et-Loire :

Nombre total des députés. 11
Nombre des députés à élire dans le sein de la Convention pour former la liste des deux tiers. 7
Nombre des députés à élire sur la totalité de la Convention pour former la liste supplémentaire. 21
Nombre des députés à élire, soit dans la Convention, soit hors de son sein, à la volonté des électeurs. 4

L'assemblée électorale de Saône-et-Loire se réunit à Mâcon, au Temple, en vertu des dispositions précédentes, du 20 au 29 vendémiaire; elle fit les choix suivants :

(1) Ces deux décrets furent soumis à la sanction du peuple en même temps que la Constitution de l'an III, et furent, en suite de leur acceptation par les assemblées primaires, déclarés solennellement lois de l'Etat (V. Décr. du 1 vend. an IV; 23 sept. 1795).

(2) N'étaient point rééligibles les membres décrétés d'arrestation ou d'accusation, Baudot par exemple, comme on l'a vu plus haut. Une liste des membres de la Convention en activité fut adressée à toutes les assemblées électorales.

(3) Ce tableau, qui fut adressé à chaque assemblée électorale, ne se trouve pas au *Bulletin des Lois*, au moins dans les éditions que j'ai consultées. On le trouvera au *Proc. Verb. de la Cour. Nat.* (tom. 7), p. 1 et s.). Il porte répartition des 750 députés aux deux Conseils entre les 89 départements (dont se composait la France à cette date) et les colonies.

ÉLECTION DE DEUX TIERS CONVENTIONNELS

Nombre de votants : 391. — Majorité absolue : 199.

Ont obtenu :

1. **Lanjuinais** (Jean-Denis), d'Ile-et-Vilaine. . . . 242 suffrages.
2. **Cambacérès** (Jean-Jacques-Régis), de l'Hérault. 240 —
3. **Henry-Larivière** (Pierre-François-Joachim), du Calvados. . . . . 233 —
4. **Daunou** (Pierre-Claude-François), du Pas-de-Calais. . . . . 228 —
5. **Bailleul** (Jean-Charles), de la Seine-Inférieure. . 227 —
6. **Pelet** (Jean), de la Lozère... . . . . 227 —
7. **Defermont** (Jacques), d'Ile-et-Vilaine.. . . . . 226 —

LISTE SUPPLÉMENTAIRE

Nombre des votants : 393. — Majorité absolue : 197.

Ont obtenu :

1. **Guillemardet** (Ferdinand-Pierre-Marie-Dorothée), de Saône-et-Loire. . . . . 319 suffrages.
2. **Roberjot** (Claude), du même département. . . . 351 —
3. **Boissy d'Anglas** (Frédéric-Antoine), de l'Ardèche. . . . . 252 —
4. **Merlin** (de Douai) (Philippe-Antoine), du Nord. . 245 —
5. **Thibaudeau** (Antoine-Claire), de la Vienne. . . 243 —
6. **Rewbell** (Jean), du Haut-Rhin. . . . . 242 —
7. **Lesage** (Denis-Toussaint), d'Eure-et-Loir.. . . . 241 —
8. **Mailly** (Antoine), de Saône-et-Loire . . . . . . 239 —
9. **Borel** (Hyacinthe-Marcellin), des Hautes-Alpes. . 237 —
10. **Bréard** (Jean-Jacques), de la Charente-Inférieure.. 237 —
11. **Ramel** (Dominique-Vincent), de l'Aude.. . . . . 235 —
12. **Vernier** (Théodore), du Jura.. . . . . 231 —
13. **Marec** (Pierre), du Finistère. . . . . 231 —
14. **Morisson** (Charles-François-Gabriel), de la Vendée. 233 —
15. **Letourneur** (Louis-Honoré), de la Manche.. . . 232 —
16. **Penières** (Jean-Auguste), de la Corrèze. . . . . 232 —
17. **Courtois** (Elme-Bonaventure), de l'Aube. . . . . 229 —
18. **Desgraves** (Georges), de la Charente-Inférieure. 229 —
19. **Legonzre-Kervélégan** (Augustin-Bernard-François), du Finistère.. . . . . 225 —
20. **Pierret** (Joseph-Nicolas), de l'Aube.. . . . . . 225 —
21. **Réveillère-Lepeaux** (Louis-Marie), du Maine-et-Loire. . . . . 225 —

DERNIER TIERS

Nombre des votants : 392. — Majorité absolue : 196.

Ont obtenu :

1. **Larmingnav** (Claude), homme de loi, électeur du
district de Louhans, président de l'Assemblée.. 232 suffrages.
2. **Geoffroy** (Côme), de Bœuf, commune de Dyo,
électeur. . . . . 232 —
3. **Dujardin** (Charles-Antoine), homme de loi, à
Chalon-sur-Saône, électeur.. , ... 232 —
4. **Poissard** (Philibert-Antoine), homme de loi à
Mâcon, ex-administrateur du département. . . 227 —

Le décret du 13 fructidor an III portait (art. 6) que si, par suite
des réélections multiples et malgré les listes supplémentaires, le
nombre des conventionnels réélus n'atteignait pas celui des deux
tiers des membres de la Convention, ceux d'entre eux qui auraient
été renommés se réuniraient en Assemblée électorale et nommeraient
par voie de scrutin le nombre de députés nécessaires pour compléter
ce nombre, en les choisissant parmi ceux de leurs collègues auxquels
l'élection n'aurait pas été favorable. Les détails de cette opération
furent réglés par un décret de la Convention en date du 30 vendémiaire an IV (22 octobre 1795) ; elle fut fixée au 4 brumaire. En
exécution de ce décret, le 4 brumaire an IV (26 octobre 1795), les
conventionnels réélus se réunirent afin de nommer le nombre de
députés nécessaires pour compléter le nouveau Corps Législatif.
379 députés seulement avaient été réélus par les départements ; en y
ajoutant les députés des Colonies, qui conformément aux Décrets des
5 et 13 fructidor, devaient provisoirement continuer leurs fonctions,
il ne restait plus à choisir que 101 membres pour compléter les 500.

Deux des membres de la députation de Saône-et-Loire à la Convention qui n'avaient pas été réélus furent choisis, au premier tour
de scrutin, par leurs collègues, pour être membres du nouveau
Corps Législatif ; ce furent :

Chamborre (Jean-Baptiste), par 164 voix.

Et **Reverchon** (Jacques), par 157 voix (1).

Aux termes du décret du 13 fructidor (art. 9), aucune distinction
n'avait été faite par les électeurs entre les députés élus ; la distribution
de ceux-ci entre le Conseil des Anciens et le Conseil des Cinq-Cents

(1) *Monit.* de 11 brum. an IV ; *Proc. Verb. du Cons. des Cinq-Cents,* tom. I,
p. 1 et s.

devait être opérée, pour cette fois, par la totalité de ceux qui auraient été élus pour former le nouveau Corps Législatif. En conséquence, le 5 brumaire (27 octobre), conformément au Décret précité du 30 vendémiaire an IV (art. 16 et s.), le nouveau Corps Législatif tout entier se réunit pour procéder à la répartition de ses membres entre les deux Conseils (1).

À cet effet, au fur et à mesure de l'appel nominatif fait par l'archiviste, chacun des députés dépose sur le bureau un billet indiquant son nom, son âge et son état de famille; les billets de 500 Conventionnels réélus mis à part, on en extrait tous ceux qui se rapportent aux membres âgés de plus de 40 ans et mariés ou veufs; on les place dans une urne, et on en tire 167 noms, destinés à composer les 2/3 du Conseil des Anciens. On procède de même à l'égard des députés nouveaux élus : les noms de ceux d'entre eux, qui ont plus de 40 ans et qui sont mariés ou veufs, sont placés dans une seconde urne, et on en tire 83 noms destinés à composer le troisième Tiers du Conseil des Anciens.

Tous les autres députés se trouvent placés dans le Conseil des Cinq-Cents.

La députation de Saône-et-Loire se trouva répartie entre les deux Conseils de la façon suivante :

Conseil des Anciens

Lamarguac, nouveau Tiers.
Mailly, conventionnel réélu par son département.

Conseil des Cinq-Cents

Chamborre, conventionnel réélu par la Convention.
Dujardin, nouveau Tiers.
Geoffroy, nouveau Tiers.
Guillemardet, conventionnel réélu par son département.
Polissard, nouveau Tiers.
Recerchon, conventionnel réélu par la Convention.
Roberjot, conventionnel réélu par son département (2).

Deux des nouveaux élus de Saône-et-Loire, Geoffroy et Polissard étaient portés sur la liste des émigrés, et leur admission n'eut pas lieu sans difficultés; en effet, un Décret de la Convention, du 3 bru-

(1) *Monit.* du 11 brum. an IV; *Proc. Verb. du Cons. des Cinq-Cents*, tom. I, p. 8 et s.

(2) On voit que Saône-et-Loire, qui, d'après le tableau annexé au Décret du 1er vendémiaire an IV, avait droit à 11 députés, se trouva, par suite du résultat des élections, n'en avoir que 9.

maire an IV (25 octobre 1795), excluait de toutes fonctions publiques les individus portés sur les listes d'émigrés, ainsi que leurs parents et alliés jusqu'à un degré fixé. Polissard fut d'abord exclu du Corps Législatif jusqu'à sa radiation de la liste des émigrés par la loi du 10 pluviôse an IV (30 janvier 1796); mais il fut définitivement rayé de la liste des émigrés par la loi du 20 prairial an IV (8 juin 1796) et rappelé au sein du Corps Législatif par la loi du 1 prairial an V (20 mai 1797). Quant à Geoffroy, il fut définitivement rayé de la liste des émigrés et admis à exercer ses fonctions législatives par la loi du 18 vendémiaire an V (9 octobre 1796).

ÉLECTIONS DE L'AN V

La Convention avait décidé, par un Décret du 4 brumaire an IV (26 octobre 1795), que le tableau de répartition des députés entre les départements, envoyé aux assemblées électorales tenues le 20 vendémiaire de l'an IV, antérieurement à la réunion des 9 départements de la Belgique et pays adjacents, ne serait que provisoire ; et que le Corps Législatif établirait un nouveau tableau de répartition comprenant ces départements annexés pour servir pour les élections de l'an V, et ne devant plus être modifié jusqu'à l'an XIV.

Conformément à ce décret, la loi du 27 pluviôse an V fixa, d'après la population de chaque département, le nombre de députés à élire par chacun d'eux, tant au Conseil des Anciens qu'à celui des Cinq-Cents, pour la formation du Corps Législatif; ainsi que le nombre de députés à élire annuellement pendant une série de 10 années à chaque Conseil, pour le renouvellement de la représentation nationale (1).

Le nombre des départements s'élevait alors à 98, par suite de l'annexion des 9 départements formés par la Belgique ; et comme le nombre des députés restait fixé, aux termes de la Constitution, à 250 pour le Conseil des Anciens et à 500 pour le Conseil des Cinq-Cents, il fut nécessaire, pour faire place à la représentation de ces nouveaux départements, de réduire celle d'un grand nombre de départements et des colonies. Pour Saône-et-Loire (2), le nombre des

(1) La feuille séparée, sur laquelle se trouve ce tableau, manque dans beaucoup d'éditions du *Bulletin des Lois.*
(2) Population totale de la France à cette date : 31.950.060 hab.; population du département de Saône-et-Loire : 419.773.

députés est ramené à 10, dont 3 doivent siéger au Conseil des Anciens et 7 au Conseil des Cinq-Cents.

Le renouvellement du Corps Législatif par tiers est réglé, pour Saône-et-Loire, de la façon suivante; les électeurs nommeront :

En l'an V, 1 député aux Anciens, 2 députés aux Cinq-Cents.

En l'an VI, 1 député aux Anciens, 2 députés aux Cinq-Cents.

En l'an VII, 1 député aux Anciens, 3 députés aux Cinq-Cents, et ainsi de suite jusqu'en l'an XIV.

Mais le coup d'État du 18 brumaire an VIII vint couper court à ces prévisions.

Le 15 ventôse an V (5 mars 1797), les Conseils des Anciens et des Cinq-Cents procédèrent séparément, conformément à la loi du 20 nivôse an V (9 janvier 1797), au tirage au sort, entre les membres de ces deux Conseils faisant partie des deux tiers conventionnels réélus, de ceux qui termineraient leurs fonctions au 1 prairial an V, et de ceux qui devraient les conserver jusqu'au 1 prairial an VI (1).

Le sort classa de la façon suivante les députés de Saône-et-Loire qui faisaient partie des deux tiers conventionnels :

Pour sortir au 1 prairial an V, *Reverchon* et *Roberjot* du Conseil des Cinq Cents.

Pour sortir au 1 prairial an VI, *Mailly* du Conseil des Anciens; *Chamborre* et *Guillemardet* du Conseil des Cinq-Cents.

Quant aux 4 membres qui composaient le nouveau Tiers élu en l'an IV, ils devaient siéger jusqu'au 1 prairial an VII.

L'assemblée électorale de Saône-et-Loire se réunit à Mâcon dans la ci-devant église des ci-devant Cordeliers, du 20 au 25 germinal, en vertu de l'art. 36 de la Constitution et de la loi du 20 ventôse an V (10 mars 1797) qui avait fixé les lieux de réunion aux chefs-lieux de chaque département; elle procéda aux opérations suivantes :

Élection d'un député au Conseil des Anciens

Nombre des votants : 362. — Majorité absolue : 182.

Ont obtenu :

Tupinier (Jean), juge du tribunal de Cassation, à Paris. 257 voix (élu).

Commaret (Pierre), président du tribunal criminel du
département. . . . . 105 —

___

(1) *Monit.* du 17 ventôse an V.

Élection de deux députés au Conseil des Cinq-Cents

Nombre des votants : 357. — Majorité absolue : 179.

Ont obtenu :

Changarnier (Nicolas), d'Autun, homme de loi, ex-
juge du tribunal civil du département. . . . . 275 voix (élu).

Vaudelin (Jean-Baptiste), homme de loi à Mont, ex-
administrateur du département. . . . . 226 voix (élu).

Commaret. . . . . 111 —

Carnot. . . . . 71 —

Rubat. . . . . 22 —

Ces élections, validées par la loi du 1 prairial an V (20 mai 1797),
furent ensuite annulées au coup d'État du 18 fructidor, par la Loi du
19 fructidor an V (5 septembre 1797); l'art. 13 de cette même loi
ordonna en outre la déportation de Polissard.

ÉLECTIONS DE L'AN VI

Aux termes de la Loi du 17 ventôse an VI (7 mars 1798), le département de Saône-et-Loire avait à nommer en l'an VI 7 députés :

Trois (1 aux Anciens, 2 aux Cinq Cents) pour remplacer le Tiers
sortant annuellement du Corps Législatif. Les 3 sortants étaient —
ainsi qu'on l'a vu plus haut — *Mailly, Chamborre,* et *Guillemardet;* leurs remplaçants devaient être élus pour 3 ans.

Trois (1 aux Anciens, 2 aux Cinq-Cents) pour remplacer *Tupinier,
Changarnier* et *Vaudelin,* dont l'élection avait été annulée au
18 fructidor; leurs pouvoirs devaient durer 2 ans.

Un enfin aux Cinq-Cents; pour remplacer *Polissard,* condamné à
la déportation par la Loi du 19 fructidor, celui-ci devait être élu pour
1 an.

L'assemblée électorale, composée de 420 membres, se réunit à
Mâcon, dans la ci-devant église des Cordeliers, du 20 au 25 germinal,
et procéda à ces différentes élections (1).

(1) On peut noter le point suivant qui n'est pas sans intérêt : La Constitution
de l'an III ne précisait pas (V. art. 41) le mode suivant lequel les assemblées
électorales devaient procéder à l'élection des membres du Corps Législatif : toutefois, on a vu plus haut, qu'aux élections de l'an IV, et aussi à celles de l'an V,
les électeurs de Saône-et-Loire procédèrent par voie de scrutin de liste; du reste,

Élection d'un député au Conseil des Anciens (pour 3 ans)

Nombre des votants : 338.

Rubat (Etienne), commissaire du Direct. exécut. près
l'administration centrale du département. . . .   215 voix (élu).

Élection d'un député au Conseil des Cinq-Cents (pour 3 ans)

Nombre des votants : 386.

Moyne (Jean-Baptiste) , demeurant à Chalon-sur-
Saône, accusat. public près le tribunal criminel
du département. . . . .   199 voix (élu).

Élection d'un député au Conseil des Cinq-Cents (pour 3 ans)

Nombre des votants : 397.

Bigonnet (Jean-Adrien), président de l'administration municipale de Mâcon, y demeurant. . . .   294 voix (élu).

Élection d'un député au Conseil des Anciens (pour 2 ans)

Nombre des votants : 363.

Gelin (Jean-Marie), commis. du Direct. exécut. près
le tribunal correctionnel de Charolles. . . . . .   335 voix (élu).

Élection d'un député au Conseil des Cinq-Cents (pour 2 ans)

Nombre des votants : 350.

Bozon fils (Pierre-François), bibliothécaire à l'école
centrale d'Autun. . . . .   202 voix (élu).

Élection d'un député au Conseil des Cinq-Cents (pour 2 ans)

Nombre des votants : 378.

Boussin (François), administrateur du département
de Saône-et-Loire. . . . .   217 voix (élu).

Élection d'un député au Conseil des Cinq-Cents (pour 1 an)

Nombre des votants : 363.

Reverchon (Jacques), propriétaire à Vergisson. . .   215 voix (élu).

La loi du 22 floréal an VI (11 mai 1798) annula l'élection de
Gelin, Bozon, et *Boussin,* et valida celles de *Rubat* au Conseil des
Anciens, et de *Moyne, Bigonnet* et *Rererchon* au Conseil des Cinq-
Cents.

la Loi du 13 fructidor an III, sur la réélection des deux tiers de la Convention
nationale en l'an IV, disait formellement (art. 4) que cette réélection se ferait
par scrutin de liste. En l'an VI et en l'an VII au contraire, les députés furent
élus par voie de scrutins individuels et successifs, comme l'avaient été en 1791
les membres de la Législative, et en 1792 ceux de la Convention.

ÉLECTIONS DE L'AN VII

La Loi du 28 ventôse an VII (18 mars 1799) fixa à 7 le nombre de députés à élire par le département de Saône-et-Loire (1) en l'an VII, savoir :

Quatre (1 aux Anciens, 3 aux Cinq-Cents) pour remplacer le Tiers sortant annuellement du Corps Législatif. Les sortants étaient les élus de l'an IV : *Larmagnac*, du Conseil des Anciens ; *Dujardin*, *Geoffroy*, et *Reverchon* (ce dernier remplaçant Polissard) du Conseil des Cinq-Cents. Leurs remplaçants devaient être élus pour 3 ans.

Trois (1 aux Anciens, 2 aux Cinq-Cents) pour remplacer *Gelin*, *Bozon* et *Boussin*, élu en l'an VI pour 2 ans et dont l'élection avait été annulée par la Loi du 22 floréal. Leurs remplaçants devaient être élus pour 1 an.

En exécution des dispositions précédentes, les électeurs de Saône-et-Loire se réunirent à Mâcon le 20 germinal an VII ; mais, à la suite de difficultés soulevées à propos de l'élection du président, qui amenèrent des scènes violentes et tumultueuses, l'assemblée électorale se scissionna en deux portions presque égales, qui, prétendant chacune être l'assemblée légitime et légale, procédèrent toutes les deux à des élections distinctes.

ASSEMBLÉE ÉLECTORALE-MÈRE

L'assemblée électorale-mère, séante en la grande salle cy-devant église des Cordeliers, et composée de 248 membres, procéda aux élections suivantes :

Élection d'un député au Conseil des Anciens (pour 3 ans)

Nombre des votants : 243.

Mayncaud-Laveaux (Etienne), législateur au
Conseil des Anciens.. . . . . 243 voix (élu).

Élection d'un député au Conseil des Cinq-Cents (pour 3 ans)

Nombre des votants : 247.

Unyet (Jean-Pierre), ex-administrateur du département domicilié à Mâcon. . . . . 240 voix (élu).

(1) Le nombre des départements se trouvait alors porté à 99 par suite de l'annexion du Léman, créé par la Loi du 8 fructidor an VI (25 août 1798) ; et,

Élection d'un député au Conseil des Cinq-Cents (pour 3 ans)
Nombre des votants : 211.

Souberbielle (Jacques), professeur à l'École centrale du département de Saône-et-Loire, domicilié à Autun. . . . . 238 voix (élu).

Élection d'un député au Conseil des Cinq-Cents (pour 3 ans)
Nombre des votants : 232.

Chazeau (Antoine), commissaire du Dir. exécut. près l'administration municipale de Chalon-s.-Saône. . . . . 202 voix (élu).

Élection d'un député au Conseil des Anciens (pour 1 an)
Nombre des votants : 238.

Reverchon (Jacques), de Vergisson, député actuel au Conseil des Cinq-Cents. . . . . 235 voix (élu).

Élection d'un député au Conseil des Cinq-Cents (pour 1 an)
Nombre des votants : 240.

Prud'hon (Gilbert), général, domicilié à Charolles. . 157 voix (élu)

Élection d'un député au Conseil des Cinq-Cents (pour 1 an)
Nombre des votants : 240.

Roberjot (Claude), ambassadeur du gouvernement à Rastadt. . . . . 140 voix (élu).

ASSEMBLÉE ÉLECTORALE SCISSIONNAIRE

L'assemblée électorale scissionnaire, séante dans les bâtiments de l'Hospice militaire, salle dite de la Fraternité, et composée de 222 membres, procéda de son côté aux mêmes opérations :

Élection d'un député au Conseil des Anciens (pour 3 ans)
Nombre des votants : 217.

Duroussin (Vivant), commissaire du Dir. exécut. près l'adminis. municip. du canton de Louhans. . . . 183 voix (élu).

Élection d'un député au Conseil des Cinq-Cents (pour 3 ans)
Nombre des votants : 209.

Geoffroy (Côme), député actuel du département de Saône-et-Loire, au Conseil des Cinq-Cents. . . . . 200 voix (élu).

pour ne pas dépasser le nombre constitutionnel de 250 et 500 députés, la Loi du 25 ventôse an VII (15 mars 1799) décida que la représentation du Léman serai. prise en déduction de celle des 2 départements voisins, l'Ain et le Mont-Blanc.

Élection d'un député au Conseil des Cinq-Cents (pour 3 ans)

Premier tour. — Nombre des votants : 201.

Monard, ex général. 100 voix.
Desseignes, commissaire du Direc. Exéc. . . . . 99 —
Malard (de Montcenis). . . . . 1 —
Commaret (de Chalon). . . . . 1 —

(Pas de résultat.)

Deuxième tour. — Nombre des votants : 203.

Desseignes (Louis), commis. du Dir. Exéc. près
l'administr. centr. du départ. de Saône-et-Loire. 119 voix (élu).

Élection d'un député au Conseil des Cinq-Cents (pour 3 ans)

Nombre des votants : 200.

Commaret (Pierre), juge au tribunal civil du départ-
tement de Saône-et-Loire. . . . . 135 voix (élu).

Élection d'un député au Conseil des Anciens (pour 1 an)

Nombre des votants : 193.

Larmagnac (Claude), membre actuel du Corps
Législatif au Conseil des Anciens. . . . . 177 voix (élu).

Élection d'un député au Conseil des Cinq-Cents (pour 1 an)

Nombre des votants : 203.

Monard (Jean), domicilié à Autun, général de brigade. 185 voix (élu).

Élection d'un député au Conseil des Cinq-Cents (pour 1 an)

Nombre des votants : 210.

Delacroix (Jean), juge au trib. civ. du départ. de
Saône-et-Loire, demeurant à Chalon-sur-Saône. 123 voix (élu).

Après une longue et vive discussion dans les deux Conseils, la Loi du 7 prairial an VII (26 mai 1799) annula les opérations de l'assemblée scissionnaire, valida celles de l'assemblée de l'Église des Cordeliers, et admit en conséquence : au Conseil des Anciens, *Mayneaud-Lareaux* et *Rererchon;* au Conseil des Cinq Cents, *Gayet, Souberbielle, Chazeau* et *Prud'hon;* quant au dernier élu, *Roberjot,* il avait été assassiné près de Rastadt le 9 floréal an VII (28 avril 1799). Son élection fut également validée, et le Conseil des Cinq-Cents arrêta le 11 messidor an VII (29 juin 1799) que sa place dans l'assemblée resterait vacante, et serait occupée par un costume de représentant orné d'un crêpe funèbre.

Le coup d'État du 18 brumaire an VIII (9 novembre 1799) détruisit la Constitution de l'an III; la Loi du 19 brumaire an VIII

(10 novembre 1799) remplaça le Directoire par une commission consulaire exécutive composée de Sieyès, Roger-Ducos et Bonaparte. Les deux Conseils étaient ajournés jusqu'au 1er ventôse suivant, et deux commissions, de 25 membres chacune, élues respectivement par chacun des Conseils avant leur séparation, étaient chargées de préparer un ensemble de modifications à apporter à la Constitution.

L'art. 1er de la même loi excluait de la représentation nationale, « pour les excès et attentats auxquels ils se sont constamment « portés » divers individus, parmi lesquels *Bigonnet* et *Prud'hon* de Saône-et-Loire.

CONSULAT ET PREMIER EMPIRE

19 brumaire an VIII (10 novembre 1799) — 11 avril 1814.

Pendant cette période de quinze années, deux systèmes électoraux bien distincts ont été successivement en vigueur : Celui de la Constitution de l'an VIII qui établit le Consulat décennal, — puis, celui du Sénatus-Consulte du 16 thermidor an X, qui institua le Consulat à vie, suivi bientôt de l'établissement du régime impérial.

CONSTITUTION DE L'AN VIII

La Constitution du 22 frimaire an VIII (13 décembre 1799) changea entièrement le système électoral (1).

Elle confia le Gouvernement à 3 Consuls nommés pour 10 ans, et divisa le Pouvoir Législatif entre 3 Assemblées : le Sénat Conservateur, le Corps Législatif, et le Tribunat.

Le *Sénat Conservateur* est composé de 80 membres, inamovibles et à vie, âgés de 40 ans au moins. Formé de 60 membres pour commencer, ce corps s'élèvera au nombre réglementaire par l'addition de 2 membres par an pendant une période de 10 années; la nomination à une place de sénateur est faite par le Sénat, qui choisit entre 3 candidats présentés, le premier par le Corps Législatif, le second par le Tribunat, et le troisième par le Premier Consul. L'art. 28 de la Constitution porte que les citoyens *Sieyès* et *Roger-Ducos*, consuls sortants, sont nommés membres du Sénat; et que, réunis au 2ᵉ et au 3ᵉ consuls, nommés par la Constitution (*Cambacérès* et *Lebrun*), ils choisiront la majorité absolue du Sénat, c'est-à-dire 29 sénateurs, puis que ces 31 sénateurs désigneront les 29 autres. Cette première formation du Sénat eut lieu les 3 et 4 nivôse an VIII

(1) Cette Constitution fut acceptée par un plébiscite. V. *Rapport présenté aux Consuls sur l'acceptation de la Constitution*, en date du 18 pluviôse an VIII (7 février 1800); au *Bulletin des Lois*, 3ᵉ série, B. 3, Nᵒ 20; et au *Monit.* du 19 pluviôse an VIII.

(24 et 25 décembre 1799) (1). Aucun membre appartenant au département de Saône-et-Loire ne figure parmi les 60 sénateurs ainsi désignés.

Le *Corps Législatif* se compose de 300 membres, âgés de 30 ans au moins, élus par le Sénat sur la liste de notabilité nationale; il se renouvelle chaque année par cinquième, et un membre sortant ne peut être réélu qu'après un an d'intervalle.

Pour arriver à la formation des listes de notabilité, les électeurs de chaque arrondissement, c'est-à-dire tous les Français âgés de 21 ans et domiciliés depuis un an, élisent un dixième d'entre eux pour former la liste *communale*, sur laquelle doivent être choisis les fonctionnaires de l'arrondissement. Les citoyens portés sur les listes communales d'un département désignent pareillement un dixième d'entre eux pour former la liste *départementale*, sur laquelle doivent être pris les fonctionnaires du département. Enfin, les citoyens portés sur la liste départementale, par une semblable désignation d'un dixième d'entre eux, forment une troisième liste, dite liste *nationale*, comprenant les citoyens du département qui sont éligibles aux fonctions publiques nationales.

C'est sur les listes nationales, dressées dans les divers départements, et envoyées au Sénat Conservateur, que celui-ci choisit les députés: il doit toujours y avoir au Corps Législatif un député au moins de chaque département.

Pour la première formation du Corps Législatif, les membres en devaient être nommés directement par le Sénat; car les listes de notabilité ne seraient formées pour la première fois que dans le cours de l'an IX; le premier renouvellement partiel du Corps Législatif devait avoir lieu en l'an X.

Le 4 nivôse an VIII (25 décembre 1799), le Sénat procéda à l'élection des membres du Corps Législatif (2); parmi les 300 élus, deux appartiennent au département de Saône-et-Loire. Ce sont :

Geoffroy (Côme), ex-législateur.
Lamétherie (Antoine), ex-constituant.

Le Tribunat se compose de 100 membres, âgés de 25 ans au moins, nommés par le Sénat sur la liste nationale; ils sont renouvelés par cinquième chaque année et indéfiniment rééligibles. Dans la même séance du 4 nivôse an VIII, le Sénat procéda à l'élection des membres du Tribunat (3) : aucun citoyen appartenant au département de Saône-et-Loire ne figure parmi les élus.

(1-2-3) *Monit.* du 7 nivôse an VIII.

ÉLECTIONS DE L'AN IX

La Loi du 13 ventôse an IX (4 mars 1801) régla le mode de formation et de renouvellement des listes d'éligibilité prescrites par la Constitution : les électeurs composant les différentes assemblées électorales étaient convoqués pour diverses dates du mois de fructidor à l'effet de procéder à la formation des listes.

Voici le texte de la liste de notabilité envoyée par le département de Saône-et-Loire :

LISTE

DES NOTABLES DU DÉPARTEMENT DE SAONE-ET-LOIRE

élus pour faire partie de la liste de notabilité nationale, dressée d'après les dispositions de la Loi du 13 ventôse an IX, concernant la formation et le renouvellement des listes d'éligibilité prescrites par la Constitution.

NUMÉRO	NOMS	AGE	PROFESSION	LIEU DU DOMICILE
1	Geoffroy Côme	44	Législateurs et notables nécessaires.	
2	Lamétherie Antoine	49		
3	. . . .			
4	. . . .		*N. B.* Le contingent les notables nécessaires assigné pour le département de Saône-et-Loire est de 7; cependant il ne fournit que les 2 ci-dessus.	
5	. . . .			
6	. . . .			
7	. . . .			

ABSENTS POUR LE SERVICE PUBLIC

NUMÉRO	NOMS	AGE	PROFESSION	LIEU DU DOMICILE
8	Duhesme Guillaume-Philibert	35	Général de division	Chalon.
9	Fressinet Philibert	»	Général de brigade	Marcigny-sur-Loire.
10	Labouré Jean-Léon	»	Maréchal de logis, 9e dragons	Autun.
11	Richepanse	»	Général de division	Cormatin.

NOTABLES PRÉSENTS

NUMÉRO	NOMS	AGE	PROFESSION	LIEU DU DOMICILE
12	Aubel	49	Membre du Conseil de préfecture	Mâcon.
13	Ballard	53	Suppléant au tribunal d'Autun	Autun.
14	Bérard	58	Jurisconsulte à Chalon	Chalon.
15	Berry	45	Juge au tribunal civil	Chalon.
16	Bert	36	Maire de Juif.	à Juif, près Chalon.
17	Bijon	43	Juge du tribunal d'appel	Dijon.
19	Blais	64	Médecin	Cluny.

Numéros	NOMS	ÂGE	PROFESSION	LIEU DU DOMICILE
19	Boyelleau	57	Maire de Chalon	Chalon-sur-Saône.
20	Brochot	44	Président du tribunal civil d'Autun	Autun.
21	Bruys-Vaudran	50	Membre du Conseil de préfecture	Mâcon.
22	Bruys des Gardes	51	Maire de Blanot	Blanot, près Cluny.
23	Buffault	41	Préfet du département	Mâcon.
24	Carlier	41	Juge de paix	Marcigny-sur-Loire.
25	Caucal Jacques	41	Négociant	Louhans.
26	Changarnier	45	Substitut du commissaire du gouvernement	Autun.
27	Chapuis aîné	52	Membre du Conseil de préfecture	Mâcon.
28	Chesnard-Montrouge	65	Maire	Mâcon.
29	Clémenceau	46	Maire	Dennery, près Chalon.
30	Coindre Nicolas	39	Membre du Conseil général, agent de change	Paris, rue de Provence, 19.
31	Commaret	50	Substitut du commissaire du gouvernement	Chalon.
32	Cortambert	29	Médecin	Mâcon.
33	Debranges	63	Sous-Préfet	Louhans.
34	Delachaize	39	Juge au tribunal civil	Autun.
35	Delacroix	48	Juge au tribunal civil	Chalon.
36	De la Goutte	49	Maire de Saint-Léger-sous-Beuvray	près Autun.
37	Delaval	52	Membre du Conseil de préfecture	Mâcon.
38	Demommerot	51	Commissaire du gouvernement, près le tribunal	Autun.
39	Derymont	49	Président du tribunal civil	Charolles.
40	Deschamps aîné.	62	Membre du Conseil de l'arrondissement de Louhans	à Cuisery, p. Tournus.
41	Dechevannes.	37	Juge au tribunal civil	Autun.
42	Desolmes	51	Maire de Montbelet	près Mâcon.
43	Dessaigne	39	Maire de Boffières	près Cluny.
44	Drée	41	Membre du Conseil général du département	à Châteauneuf, près La Clayette.
45	Dujardin	40	Juge au tribunal criminel à	Chalon.
46	Dunand	52	Maire	Tournus.
47	Dupuis-Desclanes	45	Maire	Marcigny-sur-Loire.
48	Dupuget	50	Membre du Conseil général	Louhans.
49	Febvre	33	Ex-receveur général du département	Mâcon.
50	Febvre	31	Maire	Mont-Saint-Vincent.
51	Fricaud	43	Maire	Charolles.
52	Fropier	41	Suppléant près le tribunal de Mâcon	Cluny.
53	Gaillard	55	Membre du Conseil d'arrondissement	Charolles.
54	Garchery	51	Membre du Conseil général du département	Montcenis.
55	Geoffroy aîné	50	Sous-Préfecture	Charolles.
56	Golyon aîné	64	Jurisconsulte.	Chalon.
57	Granet	49	Membre du Conseil général du département	Montcenis.
58	Grassot père	60	Notaire	Chalon.
59	Guerret	60	Membre du Conseil d'arrondissem.	Louhans.
60	Guillemin du Pavillon	»	Ancien magistrat	Autun.
61	Guillet	50	Notaire et Maire	à Bey, près Chalon.
62	Guyot	42	Conseiller de préfecture	Mâcon.
63	Larmaguac	61	Président du tribunal	Louhans.
64	Lavaur	45	Président du tribunal de commerce	Chalon.
65	Lorton-Dumontey	49	Substitut du commissaire du gouvernement	Mâcon.

Numéro	NOMS	AGE	PROFESSION	LIEU DU DOMICILE
66	Louvrier (Côme-Jos.)	31	Négociant	La Clayette.
67	Malard-Sermaize	49	Homme de loi	Parai-le-Monial.
68	Massin	41	Juge de paix	Bellevesvres, près Chalon.
69	Maublanc-Chizeuil	44	Maire	Digoin-sur-Loire.
70	Michel cadet	46	Membre du Conseil général du département	Gueugnon.
71	Monteil	35	Secrétaire général de la préfecture	Mâcon.
72	Montépin (Aymond)	49	Propriétaire	Autun.
73	Moreau (Gab.-Franç.)	81	Ancien évêque de	Mâcon.
74	Narjon	35	Sous-préfet	Autun.
75	Petiot	50	Ex-constituant, membre du Conseil général du département	Chalon.
76	Petiot	»	Membre du Conseil d'arrondissement de Chalon	Dracy-le-Fort, près Chalon.
77	Pinot	46	Maire	Bellevue-les-Bains.
78	Pion fils aîné	»	Négociant	Chalon.
79	Pochon	49	Maire	Louhans.
80	Polissard	49	Ex-législateur	Semur, pr. Marcigny.
81	Pellet	65	Président du tribunal civil	Mâcon.
82	Pommier	45	Adjoint du maire	Mâcon.
83	Poncet aîné	62	Propriétaire	Chalon.
84	Quarré-Chantigny	38	Maire de St-Bonnet de Vieille-Vigne	près Charolles.
85	Raffatin	66	Maire	Autun.
86	Rebillard	41	Juge au tribunal	Louhans.
87	Rey de Morande	40	Homme de loi	Charolles.
88	Riballier	57	Inspecteur forestier	Parai-le-Monial.
89	Royer	50	Membre du Conseil général du département	
90	Saclier	58	Maire	Toulon-sur-Arroux.
91	Simonnot	31	Sous-Préfet	Chalon.
92	Simonnot-Coquart	31	Négociant	Chalon.
93	Sordet	60	Maire	St-Germain-du-Plain, près Chalon.
94	Tapinier	48	Jurisconsulte	Tournus.
95	Vial d'Alais	51	Membre du Conseil d'arrondissem.	Parai-le-Monial.
96	Villevieille	41	Maire à Moutier	près Louhans.

Certifié véritable la présente liste par nous soussignés, scrutateurs, membres du Conseil de préfecture et préfet du département de Saône-et-Loire, réunis en vertu des art. 113 et 121 de la Loi du 13 ventôse an IX, concernant la formation et le renouvellement des listes d'éligibilité prescrites par la Constitution, pour procéder au dépouillement du scrutin et à la formation de la liste de ce département destinée à faire partie de la liste nationale.

A Mâcon, le 17 brumaire an X de la République française.

Signé : LAGRANGE; H. CHAMBARD; GABR.-FR. MOREAU, anc. év. de Mâcon, scrutateur; AUBEL; CHESSARD-MONTROUGE, maire; LABORIER; V. GUYOT; CHAPUYS aîné.

Aux termes de l'art. 38 de la Constitution, le premier renouvellement partiel du Corps Législatif et du Tribunat devait avoir lieu en l'an X; le Sénatus-Consulte du 22 ventôse an X (13 mars 1802) décida, qu'au lieu de procéder à un tirage au sort, le Sénat désignerait directement, par voie de scrutin, ceux des membres de ces deux assemblées qui devraient continuer leurs fonctions et ceux qui devraient les cesser.

Dans sa séance du 27 ventôse an X (18 mars 1802), le Sénat en conséquence arrêta la liste des 240 membres du Corps Législatif (les quatre cinquièmes) et des 80 membres du Tribunat qui devraient continuer leurs fonctions; les 2 membres du département de Saône-et-Loire, *Geoffroy* et *Lamétherie* se trouvèrent compris dans cette liste.

Le 6 germinal an X (27 mars 1802), le Sénat procéda à l'élection des membres devant former le nouveau cinquième du Corps Législatif et du Tribunat, en les choisissant sur les listes de notabilité nationale. Parmi les nouveaux élus au Corps Législatif, figure :

Tupinier (Jean), jurisconsulte,

porté sur la liste de notabilité envoyée par le département de Saône-et-Loire.

SÉNATUS-CONSULTE DU 16 THERMIDOR AN X

Le Sénatus-Consulte organique de la Constitution, du 16 thermidor an X (4 août 1802), qui organisa au profit de Bonaparte le Consulat à vie, modifia profondément le système électoral de la Constitution de l'an VIII.

Les listes de notabilité sont supprimées : les citoyens, réunis en assemblées de canton, nomment deux espèces d'électeurs secondaires. Les uns, qui doivent former le collège électoral de l'arrondissement, sont choisis sans condition de cens parmi tous les citoyens de l'arrondissement, à raison de 1 électeur par 500 habitants. Les autres, qui doivent former le collège électoral du département, sont choisis, à raison de 1 électeur par 1.000 habitants, sur une liste qui comprend les 600 plus imposés du département (1).

Tous ces électeurs sont nommés à vie. Le Premier Consul a le droit

---

(1) Il va de soi que l'on ne peut faire à la fois partie d'un collège d'arrondissement et du collège de département.

d'adjoindre 10 membres à son choix à chaque collège d'arrondissement, et 20 à chaque collège de département ; c'est également lui qui
nomme les présidents de ces collèges, droit que le Gouvernement
conserva jusqu'en 1830.

Les collèges électoraux de département et d'arrondissement présentent chacun 2 candidats, domiciliés dans le département, pour former
la liste sur laquelle les députés du département sont élus par le Sénat ;
comme cette liste de présentation doit toujours comprendre trois fois
autant de noms qu'il y a de places vacantes, les collèges présentent en
outre des premiers et des seconds suppléants de candidats (1).

Les collèges électoraux de département présentent aussi, à chaque
réunion, 2 candidats pour former la liste sur laquelle sont nommés
les sénateurs.

Un tableau annexé au Sénatus-Consulte répartit les 300 membres
du Corps Législatif entre les 102 départements que comprenait la
France à cette date, d'après leur population (2). Saône-et-Loire a
droit à 4 députés. Les départements sont classés en 5 séries, corres-
pondant au renouvellement par cinquièmes du Corps Législatif, la
députation de tous les départements appartenant à la même série
devant être renouvelée en entier la même année ; néanmoins les
députés nommés en l'an X termineront leurs cinq années de législature. Saône-et-Loire est placée dans la 5e série.

L'acte du Sénat du 13 fructidor an X (30 août 1802) détermina
l'ordre dans lequel les 5 séries de départements seraient appelées à
présenter des candidats pour les places de députés au Corps Législatif. La série dont faisait partie Saône-et-Loire fut classée la 3e et le
remplacement de ses députés devait avoir lieu en l'an XIII. Un autre
acte du Sénat en date du 14 fructidor an X (1 septembre 1802) classa
les députés dans les séries : *Geoffroy* et *Laméthérie* sortiront en
l'an XIII ; *Tupinier*, nommé en l'an X, restera jusqu'en l'an XV ; mais,
Saône-et-Loire ayant droit à 4 députés, en nommera 3 en l'an XIII.

ÉLECTIONS DE L'AN XII

Les collèges électoraux des départements comprenant la 5e série
furent convoqués par arrêté du 2 frimaire an XII (25 octobre 1803) ;

(1) Les détails de ce point sont réglés par un arrêté du Sénat du 19 fructidor
an X (6 septembre 1802), contenant règlement pour l'exécution du S.C. du
16 thermidor an X.
(2) On sait, qu'à la suite d'annexions successives, le nombre des départements

un tableau inséré au *Moniteur* du 25 brumaire suivant fixa les dates de la tenue des collèges électoraux et en nomma les présidents.

COLLÈGE DE DÉPARTEMENT DE SAONE-ET-LOIRE

Réunion à Mâcon le 25 frimaire.

Président : *Dubemme*, général de division.

Electeurs inscrits : 221. Votants présents : 132.

CANDIDATS AU SÉNAT CONSERVATEUR

Roujoux (Louis-Julien), préfet du département.
Tupinier (Jean), législateur actuel.

CANDIDATS AU CORPS LÉGISLATIF

Polissard (Philibert-Antoine), ex-législateur, demeurant à Marcigny.
Boyellenu (Anne-Joseph), maire de Chalon-sur-Saône.

PREMIERS SUPPLÉANTS DE CANDIDATS

Simonnot (Jean-François), sous-préfet de Chalon.
Bruys-Vaudran (Claude), membre du Conseil de préfecture.

SECONDS SUPPLÉANTS DE CANDIDATS

Dupuget (Claude-François), membre du Conseil général.
Chesnard-Montrouge, maire de Mâcon.

COLLÈGE D'ARRONDISSEMENT D'AUTUN

Réunion à Autun, le 26 frimaire.

Président : *Delachaise* (Philibert-Sophie), président du tribunal civil.

Electeurs inscrits : 89. Votants présents : 46.

CANDIDATS AU CORPS LÉGISLATIF

Creuzé (Augustin), sous-préfet d'Autun.
Garchery (Pierre), ex-législateur, juge de paix de Montcenis.
N. B. Pas de premiers, ni de seconds suppléants de candidats.

COLLÈGE D'ARRONDISSEMENT DE CHALON

Réunion à Chalon le 27 frimaire.

Président : *Clémenceau* (Jules-Alexandre), notaire public et maire à
Dennevy.

Electeurs inscrits : 183. Votants présents : 107.

de l'Empire finit par s'élever à 130; le nombre des membres du Corps Législatif s'éleva alors à 297.

Quant aux Colonies, elles ne figurent pas dans le tableau annexé au Sénatus-Consulte; depuis le 18 brumaire, elles n'étaient plus représentées dans les Assemblées; elles ne recouvrèrent ce droit qu'en 1848.

CANDIDATS AU CORPS LÉGISLATIF

Simonnot (Jean-François), sous-préfet de Chalon.
Thiard-Bissy (Auxonne-Théodose-Marie), demeurant à Pierre, membre du Conseil général.

PREMIERS SUPPLÉANTS DE CANDIDATS

Clémenceau (Jules-Alexandre), président du collège.
Guillot (Philibert), demeurant à Bey, juge de paix du canton de Saint-Martin.

SECONDS SUPPLÉANTS DE CANDIDATS

Bonne (Jean-Éléonore-Esprit), notaire et maire au Grand-Sennecé.
Febvre (François), maire de la commune de Mont-Saint-Vincent.

COLLÈGE D'ARRONDISSEMENT DE CHAROLLES

Réunion à Charolles le 23 frimaire.
Président : *Polissard* (Philibert-Antoine), ex-législateur.
Électeurs inscrits : 191. Votants présents : 120.

CANDIDATS AU CORPS LÉGISLATIF

Geoffroy (Claude-Jean-Baptiste), ex-constituant, sous-préfet de Charolles.
Michel (Louis), juge de paix de Gueugnon, membre du Conseil général.

PREMIERS SUPPLÉANTS DE CANDIDATS

Derymont (Louis), président du tribunal civil de Charolles.
Commerson (Archambaud), demeurant à Toulon.

SECONDS SUPPLÉANTS DE CANDIDATS

Vial d'Alais (Charles-Guillaume), ex-général demeurant à Paray.
Cartier (Etienne-Gilbert), juge de paix du canton de Marcigny.

COLLÈGE D'ARRONDISSEMENT DE LOUHANS

Réunion à Louhans le 29 frimaire.
Président : *Dupuget* (Claude-François), membre du Conseil général.
Électeurs inscrits :   . Votants présents : 112.

CANDIDATS AU CORPS LÉGISLATIF

Larminguae (Claude), président du tribunal civil de Louhans.
Guigot (Charles-Marie-Julien), commissaire du gouvernement près le tribunal civil.

PREMIERS SUPPLÉANTS DE CANDIDATS

Dupuget (Claude-François), président du collège.
Debrauge (Louis-Gabriel-Philibert), sous-préfet de Louhans.

SECONDS SUPPLÉANTS DE CANDIDATS

Guerret père (Pierre-Marguerite), membre du Conseil d'arrondissement.
Royer (Claude-Marie), propriétaire à Cuisery.

COLLÈGE D'ARRONDISSEMENT DE MACON

Réunion à Mâcon le 30 frimaire.

Président : *Delaval* (Gaspard-Eugène), conseiller de préfecture, en remplacement du citoyen *Bénon-Lacombe* nommé par le Premier Consul et démissionnaire.

Electeurs inscrits : 174. Votants présents : 114.

CANDIDATS AU CORPS LÉGISLATIF

Bruys de Vaudran (Claude), membre du Conseil de préfecture.
Petit (Antoine), demeurant à Solutré, ex-membre du Conseil général.

PREMIERS SUPPLÉANTS DE CANDIDATS

Dessaignes (Louis), membre du Conseil général.
Bonnetain (Jean-Baptiste), juge au tribunal de première instance de Mâcon.

SECONDS SUPPLÉANTS DE CANDIDATS

Ravier, maire de Jouvençé.
Fropier, juge de paix à Cluny.

Cette liste de candidats fut transmise au Sénat par message du Gouvernement le 25 messidor an XII.

Furent élus députés de Saône-et-Loire, par acte du Sénat en date des 29 thermidor et 2 fructidor an XII (17 et 20 août 1804) :

1. **Creuzé** (Augustin), sous-préfet à Autun.
2. **Boyelleau** (Anne-Joseph), maire de la ville de Chalon sur-Saône.
3. **Larningnac** (Claude), président du tribunal de Louhans.

ÉLECTIONS DE L'AN 1809

Le Sénatus-Consulte du 28 floréal an XII (18 mai 1804), qui établit l'Empire, ne changea rien au système électoral, et maintint le Corps

Législatif tel qu'il était composé ; toutefois l'article 78 permit la réélection immédiate des députés sortants, après leurs cinq années de législature (1).

Le Sénatus-Consulte du 21 février 1806 relatif au renouvellement successif des députations au Corps Législatif prorogea jusqu'au 31 décembre 1809 les pouvoirs des députés nommés en l'an XII par les départements de la 5ᵉ série (à laquelle appartenait Saône-et-Loire) ; ainsi que ceux des députés élus en l'an X — comme Tupinier — alors même qu'ils auraient terminé leur cinq années de législature. Un autre Sénatus-Consulte du 30 décembre 1809 prorogea même les pouvoirs des députés de la 5ᵉ série jusqu'à la nomination de leurs successeurs dans le courant de 1810.

De cette façon, la députation de Saône-et-Loire se trouva tout entière à renouveler en 1810.

Les collèges électoraux des départements de la 5ᵉ série furent convoqués par Décret impérial en date du 10 novembre 1809 ; le même décret fixait les dates de réunion des collèges et en nommait les présidents. Les collèges de département et d'arrondissement de Saône-et-Loire procédèrent à leurs opérations de la manière suivante :

COLLÈGE DE DÉPARTEMENT DE SAONE-ET-LOIRE

Réunion à Mâcon le 15 décembre 1809.

Président : *Denon* (Dominique-Vivant), directeur du Musée Napoléon.

Electeurs inscrits : 276. Votants présents : 178.

CANDIDATS AU SÉNAT CONSERVATEUR

Denon (Dominique-Vivant), président du collège.
Mac-Mahon (Charles-Laure), propriétaire, demeurant à Sully.

CANDIDATS AU CORPS LÉGISLATIF

Polissard (Philibert-Antoine), ex-législateur, demeurant à Marcigny.
Bruys-Charly (Gilbert), propriétaire, demeurant à Mazille, président du Conseil général.

SUPPLÉANTS DE CANDIDATS

Delacroix (Jean), président du tribunal civil de Mâcon.
Brunet de Maison-Rouge (Étienne-Marie), juge de paix, demeurant à Chalon.

(1) Un Sénatus-Consulte de 19 août 1807 porta suppression du Tribunat et versa ses membres dans le sein du Corps Législatif pour le temps de leurs fonctions restant à courir. L'art. 10 de ce Sénatus-Consulte exigea à l'avenir l'âge de 40 ans pour être élu membre du Corps Législatif ; on se rappelle que la Constitution de l'an VIII — non modifiée en cela par le Sénatus-Consulte de l'an X — n'exigeait que 30 ans.

COLLÈGE D'ARRONDISSEMENT D'AUTUN

Réunion à Autun le 16 décembre.

Président : *Georges* (François), maire d'Autun.

Électeurs inscrits : 129. Votants présents : 111.

CANDIDATS AU CORPS LÉGISLATIF

Ganay de Visigueux (Antoine-Charles de), propriétaire, demeurant à Autun.

Georges (François), négociant, maire de la ville d'Autun.

SUPPLÉANTS DE CANDIDATS

Delachaize (Philibert-Sophie), président du tribunal civil d'Autun.

Dechevannes (Pierre-François), juge au tribunal civil.

COLLÈGE D'ARRONDISSEMENT DE CHALON

Réunion à Chalon le 17 décembre.

Président : *Royer* (Pierre-Marie), maire de Chalon.

Électeurs inscrits : 194. Votants présents : 110.

CANDIDATS AU CORPS LÉGISLATIF

Simonnot (Jean-François), sous-préfet de Chalon.

Royer (Pierre-Marie), maire de Chalon, président du collège.

SUPPLÉANTS DE CANDIDATS

Berry (François), juge au tribunal civil de Chalon.

Bernard (Claude-Etienne-Henry), propriétaire à Sassenay, ex-constituant.

COLLÈGE D'ARRONDISSEMENT DE CHAROLLES

Réunion à Charolles le 18 décembre.

Président : *Combrial de La Chassagne* (Jean), maire de Marcigny.

Électeurs inscrits : 199. Votants présents : 133.

CANDIDATS AU CORPS LÉGISLATIF

Geoffroy (Côme), ex-législateur, demeurant à Bœuf, commune de Dyo.

Derymont (Louis), président du tribunal civil de Charolles.

SUPPLÉANTS DE CANDIDATS

Combrial de La Chassagne (Jean), président du collège.

Digoine (Ferdinand-Alphonse-Honoré de), ex-constituant, employé au cadastre de Vaucluse.

COLLÉGE D'ARRONDISSEMENT DE LOUHANS

Réunion à Louhans le 19 décembre.

Président : *Carrelet de Loisy* (Antoine-Bernard), maire de Terrans.

Electeurs inscrits : 147. Votants présents : 94.

CANDIDATS AU CORPS LÉGISLATIF

Debrange (Louis-Gabriel-Philibert), sous-préfet de Louhans.
Guigot (Charles-Marie-Julien), procureur impérial près le tribunal.

SUPPLÉANTS DE CANDIDATS

Pochon (Denis), médecin, maire de la ville de Louhans.
Guerret (Pierre-Marguerite), propriétaire, demeurant à Louhans.

COLLÉGE D'ARRONDISSEMENT DE MACON

Réunion à Mâcon le 28 décembre.

Président : *Marillon* (Bernardin), maire de Mâcon.

Electeurs inscrits : 186. Votants présents : 125.

CANDIDATS AU CORPS LÉGISLATIF

Labletonlère d'Igé fils (Pierre-Guillaume-Charles-Albert), maire
   d'Igé, propriétaire.
Barjaud ainé (Pierre-François-Marie), propriétaire, ex-maire de
   Mâcon.

SUPPLÉANTS DE CANDIDATS

Chuchust (Jean-Baptiste), juge de paix à Cluny.
Aubel de la Genête (François-Constance), conseiller de préfecture
   du département.

Cette liste de candidats fut adressée au Sénat par un message du
gouvernement du 11 juillet 1810.

Furent élus députés de Saône-et-Loire par acte du Sénat des 9 et
10 août 1810 :

1. **Bruys-Charly** (Gilbert), membre du Conseil général du département.
2. **Ganny de Visigneux** (Antoine-Charles de), propriétaire domicilié à Autun.
3. **Geoffroy** (Côme), propriétaire domicilié à Dyo.
4. **Polissard** (Philibert-Antoine), propriétaire, domicilié à Marcigny.

PREMIÈRE RESTAURATION
11 avril 1814 — 20 mars 1815.

La Charte Constitutionnelle, du 4 juin 1814, octroyée par le roi Louis XVIII, établit une *Chambre des pairs*, dont les membres, en nombre illimité, sont nommés par le Roi, soit à vie, soit héréditaires; et une *Chambre des députés des départements*, élue par des collèges électoraux dont l'organisation sera déterminée ultérieurement, et dont la Charte détermine seulement les bases fondamentales. Les électeurs devront être âgés de 30 ans au moins et payer une contribution directe de 300 francs; les députés devront être âgés de 40 ans au moins (1) et payer une contribution directe de 1,000 francs. Le nombre des députés reste le même pour chaque département, conformément à la fixation du Sénatus-Consulte de l'an X avec ses modifications ultérieures; ils sont élus pour 5 ans et renouvelables chaque année par cinquième.

La Chambre actuelle était conservée (2) et le premier renouvellement partiel d'un cinquième devait avoir lieu au plus tard en l'année 1816, en gardant l'ordre établi entre les séries. On connaît les événements qui empêchèrent de donner suite à cette disposition.

(1) L'âge de 40 ans pour l'éligibilité était exigé depuis le Sénatus-Consulte du 19 août 1807.

(2) Le nombre de ses membres se trouvait réduit à 262, à la suite de la retraite des députés qui représentaient les territoires enlevés à la France par le traité de Paris du 30 mai 1814. Ce traité ramenait la France à ses limites du 1er janvier 1792, sauf une partie de la Savoie qui nous était conservée et formait le département du Mont-Blanc; le nombre des départements se trouva alors de 87, savoir: les 83 départements créés en 1790, le Mont-Blanc réuni à la France le 27 novembre 1792, Vaucluse créé le 25 juin 1793, la Loire formée par distraction du Rhône-et-Loire le 19 novembre 1793, et le Tarn-et-Garonne créé aux dépens des départements circonvoisins le 4 novembre 1808.

CENT-JOURS

20 mars — 8 juillet 1815.

Un décret de Napoléon daté de Lyon, du 13 mars 1815, prononça la dissolution de la Chambre des pairs « et de la Chambre des communes », et convoqua les collèges électoraux des départements à se réunir à Paris au mois de mai à l'effet d'apporter les modifications nécessaires aux Constitutions de l'Empire.

L'Acte Additionnel aux Constitutions de l'Empire, du 22 avril 1815, établit une *Chambre des pairs*, dont les membres, en nombre illimité, sont nommés par l'Empereur et héréditaires, et une *Chambre des représentants* élue par le peuple : les membres de cette chambre sont au nombre de 629, ils doivent être âgés de 25 ans au moins; la Chambre se renouvelle en entier tous les cinq ans.

Les collèges électoraux d'arrondissement et de département sont maintenus conformément au Sénatus-Consulte de l'an X, mais ils nomment directement les députés : 368 députés sont élus par les collèges d'arrondissement qui nomment chacun un député; 238 sont élus par les collèges de département (la répartition entre les départements en est faite par un tableau annexé à l'Acte), enfin, 23 députés sont accordés à la propriété et à l'industrie commerciale et manufacturière; ces derniers sont élus par les collèges de département sur une liste d'éligibles dressée par les Chambres de commerce et les Chambres consultatives réunies (1).

Les représentants peuvent être choisis indifféremment dans toute l'étendue de la France; mais il y a lieu à nommer un suppléant qui devra être pris dans le département ou l'arrondissement toutes les fois que le député aura été choisi par le collège hors du département ou de l'arrondissement (2).

(1) Ces 23 députés ne furent jamais nommés.

(2) C'est pour la dernière fois que paraît dans la législation électorale cette institution des suppléants que les assemblées de la Révolution avaient empruntée à la tradition des anciens États-Généraux. Depuis lors, il n'en a plus été question, bien qu'elle ne soit pas sans quelque utilité : l'existence de suppléants permet en effet d'éviter des élections partielles, avantage à considérer, surtout sous le régime de scrutin de liste.

Conformément à ces dispositions, le nombre des représentants du département de Saône-et-Loire se trouva être de 9, dont 4 élus par le collège de département et 5 élus par les 5 collèges d'arrondissement.

Les collèges électoraux, convoqués d'abord à Paris pour le mois de mai par le décret de Lyon du 13 mars 1815, furent convoqués dans chaque département dans un délai de 4 jours par un nouveau décret du 30 avril 1815. Pour cette session, les présidents ne furent pas nommés par le gouvernement, mais élus par les collèges eux-mêmes.

COLLÈGE DE DÉPARTEMENT DE SAONE-ET-LOIRE

Réunion à Mâcon du 12 au 14 mai 1815

Président : *Tupinier* (Jean), ex-législateur, demeurant à Tournus.

Electeurs inscrits : 366. Votants présents : 103.

Premier scrutin.

Votants : 103. — Majorité absolue : 52.

Simonnot (Jean-François), propriétaire à Chalon,
ex-sous-préfet. . . . . 73 voix (élu).

(Personne autre n'a eu la majorité absolue.)

Deuxième scrutin.

Votants : 100. — Majorité absolue : 51.

Tupinier, président de l'assemblée.. . . . . 47 voix
De Thiard, scrutateur. . . . . 45 —
De Drée (Etienne), scrutateur.. . . . . 45 —
Bruys-Charly (Gilbert), propriétaire à Mazille. . . . . 33 —
Trullard, maître de forges à Gueugnon. . . . . . . 26 —
Midey, avocat général à la Cour de Lyon. . . . . . . 15 —

(Pas de résultat.)

Ballotage entre Tupinier et Thiard.

Votants : 92.

Tupinier, ex-législateur, demeurant à Tournus. . . 58 voix (élu).
De Thiard. 34 —

Ballotage entre Thiard et Drée.

Votants : 89.

De Drée (Etienne), ancien militaire, propriétaire
à Corbigny. . . . . 44 voix (élu).
De Thiard. 44 —
Bulletin nul.. 1

N. B. De Drée est déclaré élu par le bénéfice de l'âge.

Ballotage entre Thiard et Breys-Charly.
Votants : 97.

De Thiard (Auxonne-Théodose), propriétaire à
Pierre, ancien militaire.. . . . . 53 voix (élu).
Breys-Charly. 44 —

COLLÉGE D'ARRONDISSEMENT D'AUTUN

Réunion à Autun le 13 mai.
Président : *Ducau* (Antoine), greffier du tribunal civil.
Electeurs présents : 61. Majorité absolue : 33.

Martin (Jacques), médecin, maire de Couches.. . . . 57 voix (élu).
Brochot père, inspecteur forestier à Autun.. . . . . . . 25 —
Granet (Jean-François), avocat à Montcenis . . . . . . 1 —
Bulletin nul. 1

COLLÉGE D'ARRONDISSEMENT DE CHALON

Réunion à Chalon les 12 et 13 mai.
Président : *Clémenceau*, notaire à Dennery.

Élection du député.
Votants : 114.

Carnot (Claude-Marie), lieutenant-colonel, résidant
à Paris.. 70 voix (élu).

Élection d'un suppléant.
Votants : 93.

Moyne-Pétiot, substitut du procureur impérial
près le tribunal de Chalon. . . . . 51 voix (élu).

COLLÉGE D'ARRONDISSEMENT DE CHAROLLES

Réunion à Charolles les 11 et 12 mai.
Président : *Baudinat* (Etienne-Palamède), maire de Charolles.

Élection du député.
Votants : 97.

Maynenud de Pancemont (Jean-Baptiste-
François), premier président de la Cour impé-
riale de Nîmes, baron de l'Empire.. . . . . . . 65 voix (élu).

Élection d'un suppléant.

Deshaires (Jacques), avocat à Charolles.. . . . . . 50 voix (élu).

COLLÉGE D'ARRONDISSEMENT DE LOUHANS

Réunion à Louhans le 13 mai.

Président : *Berthaud* (Claude), avocat, demeurant à Cuisery.

Votants : 100. — Majorité absolue : 51.

De Brauges (Louis-Gabriel-Philibert), ex-sous-préfet
de Louhans, ... 56 voix (élu).
Guigot, conseiller à la Cour de Dijon. . . . . 23 —
Thiard (Théodose), propriétaire. . . . . 21 —

COLLÉGE D'ARRONDISSEMENT DE MACON

Réunion à Mâcon du 12 au 14 mai.

Président : *Ballivard* (Jean-Claude), conseiller de préfecture.

Votants : 78. — Majorité absolue : 40.

Bigonnet (Jean-Adrien), maire de Mâcon. . . . . . . 43 voix (élu).
Bruys de Charly (Gilbert), ancien député. . . . . 21 —
Voix perdues. 6

Le 8 juillet 1815, la Chambre des représentants fut obligée de se
séparer par suite des mesures prises par le préfet de police Decaze,
en vertu d'une ordonnance du roi Louis XVIII, en date de la veille.

SECONDE RESTAURATION

8 juillet 1815 — 2 août 1830.

ÉLECTIONS GÉNÉRALES DES 14 ET 22 AOUT 1815

En rentrant en France après Waterloo, le roi Louis XVIII considéra tous les actes accomplis pendant la période des Cent-Jours comme nuls et non avenus. Ainsi l'ancien Corps Législatif impérial, conservé par la Charte de 1814, était censé toujours exister; l'ordonnance du 13 juillet 1815 en prononça la dissolution et ordonna de nouvelles élections.

La Charte de 1814, en supprimant le suffrage universel et en établissant un cens de 300 francs pour l'électorat et de 1,000 francs pour l'éligibilité, avait renvoyé à une loi future l'organisation des collèges électoraux (V. ci-dessus). L'ordonnance du 13 juillet 1815 décrète elle-même cette organisation, mais provisoirement et jusqu'à la prochaine loi : elle conserve les collèges électoraux d'arrondissement et de département constitués par le Sénatus-Consulte de l'an X; seulement, n'auront droit d'y voter que les individus payant 300 francs de contributions directes et ne seront éligibles que ceux qui paieront 1,000 francs.

Mais cette même ordonnance déroge aux dispositions formelles de la Charte en abaissant à 21 ans l'âge requis pour l'électorat, et à 25 ans l'âge requis pour l'éligibilité (La Charte exigeait 30 et 40 ans, art. 38 et 40), et en élevant le nombre des députés de 262 (1) à 402 (Voir le tableau annexé à l'Ordonnance, et un tableau rectificatif au *Moniteur* du 23 juillet 1815).

Chaque collège d'arrondissement élira un nombre de candidats

(1) On a vu en effet précédemment qu'aux termes de l'art. 36 de la Charte de 1814, chaque département avait le même nombre de députés qu'il avait jusqu'alors. Le nombre total des députés se trouvait être de 262 pour la France telle que l'avaient faite les traités de 1814.

égal au nombre des députés du département, et le collège de département élira les députés du département, en en prenant au moins la moitié parmi les candidats présentés par les collèges d'arrondissement. Le nombre des députés de Saône-et-Loire est fixé à 6 (pour une population de 463,782 habitants).

Les collèges électoraux d'arrondissement sont convoqués pour le 14 août; ceux de département pour le 22 (8 jours après). Une ordonnance en date du 25 juillet 1815 en désigne les présidents.

Voici quel fut le résultat des opérations des collèges électoraux de Saône-et-Loire.

COLLÉGE DE L'ARRONDISSEMENT D'AUTUN

Président : le *marquis de Ganay*, de Visigneux.

Electeurs : 127. — Votants : 87.

Candidats élus.

1. Marquis de **Ganay** (Antoine Charles), ancien député, propriétaire à Visigneux.
2. Comte de **Mac-Mahon** (Maurice-François), propriétaire à Sully.
3. **Serpillon** (Nicolas), sous-préfet provisoire de l'arrondissement.
4. **Florin de Monpatey** (Pierre-Nicolas), maire de Couches.
5. **Aymon de Montépin** (Henry-René), chevalier.
6. **Delachaize** (Philibert-Sophie), président du tribunal civil.

COLLÉGE DE L'ARRONDISSEMENT DE CHALON

Président : *Burignot de Varennes*, ex-constituant, chevalier de la Légion d'honneur.

Electeurs : 187. — Votants : 95.

Candidats élus.

1. **Burignot de Varennes** (Jacques-Philibert), président du collège.
2. **Simonnot** (Jean-François), sous-préfet de Chalon.
3. Comte de **Thiard**, maréchal de camp des armées du roi.
4. **Bernard de Sassenay** (Henry-Etienne), propriétaire, ex-constituant.
5. **Mynrd** (Philibert), procureur du roi près le tribunal de Chalon.

N. B. Le scrutin pour l'élection du sixième candidat a été nul, faute d'un nombre suffisant de votants.

COLLÉGE DE L'ARRONDISSEMENT DE CHAROLLES

Président : *marquis de Drée* (Etienne), propriétaire à Curbigny.

Electeurs : 195. — Votants : 90.

Candidats élus.

1. Marquis de **Drée** (Etienne), président du collège, membre du Conseil général.
2. **Geoffroy** (Côme), de Bœuf, propriétaire, ancien député.
3. Comte de **La Guiche** (Louis-Henry-Casimir), propriétaire, chevalier de Saint-Louis.
4. **Bijon** (Jean-Claude-Antoine), juge à la Cour royale de Dijon.
5. **Bruys de Charly** (Gilbert), propriétaire, ancien député.

COLLÉGE DE L'ARRONDISSEMENT DE LOUHANS

Président : *de Truchy-Varennes* (Claude-François-Charles), en remplacement du *comte de Thiard*, non acceptant.

Electeurs : 135. — Votants : 85.

Candidats élus.

1. **Guigot** (Charles-Marie-Julien), propriétaire, ancien magistrat.
2. Comte de **Thiard** (Auxonne-Théodose), maréchal de camp.
3. **Debranges** (Louis-Gabriel-Philibert), sous-préfet de Louhans.
4. **Larmague** (Claude), président du tribunal civil.
5. Marquis de **Beaurepaire** (Jean-Claude-François), propriétaire, maire à Beaurepaire.
6. De **Chaignon** (Maurice), maire de Condal.

COLLÉGE DE L'ARRONDISSEMENT DE MACON

Président : *Tupinier* (Jean), chevalier de la Légion d'honneur.

Electeurs : 180. — Votants : 93.

Candidats élus.

1. Marquis **Dorin** (André), chevalier de Malte et de Saint-Louis, demeurant à Mâcon.
2. **Desvignes de Davayé** (Abel-Jean-Baptiste), ancien officier de dragons, demeurant à Mâcon.
3. **Bonne** (Louis), négociant, ex-maire de Mâcon, chevalier de la Légion d'honneur.
4. **Fortin** (Louis), homme de loi, maire de Cluny.
5. **Bruys de Charly** (Gilbert), ex-législateur, officier de la Légion d'honneur, demeurant à Cluny.
6. **Tupinier** (Jean), ancien magistrat et législateur, président du collège.

COLLÉGE DE DÉPARTEMENT DE SAONE-ET-LOIRE

Président : le *baron Mayneaud de Pancemont*, premier président de la
Cour de Nîmes.

Electeurs : 206.

1° ÉLECTION DE 3 DÉPUTÉS CHOISIS DANS LA LISTE DES CANDIDATS PRÉSENTÉS PAR LES COLLÉGES D'ARRONDISSEMENT.

Premier tour.

Votants : 175. — Major. abs. : 88.

Marquis de **Ganay**.	89 voix (élu).
Doria.	50 —
De Beaurepaire.	56 —
De Thiard.	53 —
Simonnot.	48 —
Bruys-Charly.	43 —
Geoffroy.	38 —
Bonne.	34 —
Bijon.	29 —
De Drée	16 —
Tupinier.	16 —
Larmagnac.	13 —
Burignot-Varennes.	9 —
Guigot.	4 —
Mac-Mahon.	4 —
De Sassenay.	4 —
Davayé.	2 —

Deuxième tour.

Votants : 176. — Maj. abs. : 89.

Geoffroy.	77 voix.
Doria.	73 —
De Beaurepaire.	50 —
De Thiard.	45 —
Simonnot.	43 —
Bruys-Charly.	24 —

(Pas de résultat.)

Ballotage entre Geoffroy et Doria.

Votants : 160.

Geoffroy (Côme).	128 voix (élu).
Doria.	32 —

Ballotage entre Doria et Beaurepaire.

Votants : 145.

Marquis **Doria** (A.).	119 voix (élu).
De Beaurepaire.	26 —

2° ÉLECTION DE 3 DÉPUTÉS, PRIS A VOLONTÉ DANS OU HORS LA LISTE DES CANDIDATS PRÉSENTÉS PAR LES COLLÉGES D'ARRONDISSEMENT.

Premier tour.

Votants : 166. — Major. abs. : 84.

De **Beaurepaire**.	122 voix (élu).
Royer (Pierre-Marie).	53 —
De Thiard.	47 —
Bonne.	44 —
Simonnot.	41 —
Febvre.	40 —
Bruys-Charly	37 —
De Sassenay.	35 —
Mayneaud de Pancemont.	20 —
De Vichy.	6 —

Deuxième tour.

Votants : 163. — Major. abs. : 82

Royer, maire de Chalon.	90 voix (élu).
Bonne (Louis), ex-maire de Mâcon.	84 — (élu).
Bruys-Charly.	36 —
De Thiard.	34 —
Febvre.	32 —
Simonnot.	28 —
Mayneaud de Pancemont.	9 —

ELECTIONS GÉNÉRALES DES 25 SEPTEMBRE ET 4 OCTOBRE 1816

La Chambre de 1815, dite « Chambre introuvable », fut dissoute par Ordonnance du Roi en date du 5 septembre 1816.

Cette ordonnance, revenant sur l'ordonnance précédente du 13 juillet 1815, ramène le nombre des députés au chiffre déterminé par la Charte, c'est-à-dire à celui du Corps Législatif du Premier Empire tel qu'il était fixé par le Sénatus-Consulte de thermidor an X et par quelques dispositions ultérieures.

Conformément aussi à la Charte, l'âge requis pour voter dans les collèges électoraux est relevé à 30 ans, et l'âge requis pour être élu député, à 40 ans. Comme précédemment, les collèges électoraux d'arrondissement présentent des candidats en nombre égal au nombre des députés du département; et les collèges de département nomment les députés, en en prenant au moins moitié dans les listes présentées par les collèges d'arrondissement.

Le nombre des députés à élire se trouve fixé, par suite des dispositions précédentes, à 258, et un tableau annexé à l'Ordonnance en porte répartition entre les 86 départements (1). Saône-et-Loire nomme 4 députés.

Les collèges électoraux d'arrondissement sont convoqués pour le 4 octobre. Une autre ordonnance, datée du même jour, nomme les présidents des collèges de département; les précédents des collèges d'arrondissement sont désignés par arrêté préfectoral.

COLLÈGE DE L'ARRONDISSEMENT D'AUTUN

Président : *Delachaise* (Philibert-Sophie), président du tribunal civil.

Electeurs : 119. — Votants : 84.

Candidats élus.

1. Marquis de **Ganay** (Antoine-Charles), ex-député, colonel de la Légion de l'Yonne.
2. De **Martenne** (Etienne-Claude), capitaine d'artillerie, chevalier de Saint-Louis.
3. **Serpillon** (Nicolas), maire de la commune d'Etang.
4. De **Fontenay** (Jean-Paul), maire de Sommant, chevalier de St-Louis.

(1) Le département du Mont-Blanc avait été enlevé à la France par le traité du 20 novembre 1815. Le chiffre de 86 départements subsista jusqu'en 1860.

COLLÉGE DE L'ARRONDISSEMENT DE CHALON

Président : *Royer* (Pierre-Marie), maire, membre de la dernière chambre.

Electeurs : 186. — Votants : 119.

Candidats élus.

1. **Paccard** (Antoine-Marie), ex-constituant, président de la Cour prévôtale, chevalier de la Légion d'honneur et de Saint-Jean de Jérusalem.
2. **Simonnot** (Jean-François), ancien sous-préfet de Chalon, chevalier de la Légion d'honneur.
3. **Humblot-Conté** (Arnould), négociant, maire à Saint-Ambreuil.

N. B. Pas de quatrième candidat, le scrutin ayant été nul faute d'un nombre suffisant de votants.

COLLÉGE DE L'ARRONDISSEMENT DE CHAROLLES

Président : *Nault de Champagny* (Denis), maire de Charolles.

Electeurs : 186. — Votants : 139.

Candidats élus.

1. **Maublanc**, baron de **Chizeuil** (François), maire de Digoin, chevalier de Saint-Louis.
2. **Geoffroy** (Côme), de Bœuf, ancien député.
3. Comte de **Vichy-Champrond** (Abel-Goerick-Cécile), capitaine au 3ᵉ régiment de cuirassiers.
4. **Nault de Champagny** (Denis), chevalier de Saint-Louis, ancien officier d'infanterie.

COLLÉGE DE L'ARRONDISSEMENT DE LOUHANS

Président : *Violet de Marcelloir* (Jean-Jacques), chevalier de Saint-Louis, propriétaire à Cuisery.

Electeurs : 134. — Votants : 90.

Candidats élus.

1. **Guigot** père (Charles-Marie-Julien), jurisconsulte, ancien sous-préfet de Louhans pendant les Cent-Jours.
2. **Larmagnac** (Claude), président du tribunal civil.
3. **Puvis** (Marc-Antoine), propriétaire à Cuiseaux.
4. Marquis de **Beaurepaire** (Jean-Claude-François), ex-député.

COLLÉGE DE L'ARRONDISSEMENT DE MACON

Président : *Desvignes de Davayé* (Abel-Jean-Baptiste), maire de Mâcon.

Electeurs : 169. — Votants : 114.

Candidats élus.

1. **Bruys de Charly** (Gilbert), ex-législateur, demeurant à Mazille.

2. **Furtin** (Louis), maire de Cluny.
3. Marquis **Doria** (André), député à la dernière Chambre.
4. **Aubel de la Genette** (François-Constance), procureur du roi à Mâcon.

COLLÉGE DE DÉPARTEMENT DE SAONE-ET-LOIRE

Président : le *marquis de Ganay*, député à la dernière Chambre.

Electeurs : 267.

1ᵉ ÉLECTION DE 2 DÉPUTÉS CHOISIS DANS LA LISTE DES CANDIDATS PRÉSENTÉS PAR LES COLLÉGES D'ARRONDISSEMENT.

Premier tour.

Votants : 190. — Maj. abs. : 96.

Marquis de **Ganay**   124 voix (élu).
Doria. . . . .   79 —
Paccard. . . . .,   73 —
De Beaurepaire.. . . .   72 —
Bruys-Charly.. . . . .   17 —
Geoffroy. . . . .   7 —
Baron de Chizeuil. .   6 —

Deuxième tour.

Votants : 189. — Maj. abs. : 95.

Doria. . . . .   94 voix.
Paccard. . . . .   91 —
De Beaurepaire.. .   3 —
Bruys-Charly. . . .   1 —
(Pas de résultat.)

Ballotage entre Doria et Paccard.

Votants : 186. — Maj. abs. : 94.

Paccard. . . . . .   95 voix (élu).
Doria. . . . .   91 —

2ᵉ ÉLECTION DE 2 DÉPUTÉS PRIS A VOLONTÉ DANS OU HORS LA LISTE DES CANDIDATS PRÉSENTÉS PAR LES COLLÉGES D'ARRONDISSEMENT.

Premier tour.

Votants : 182. — Maj. abs. : 92.

De **Beaurepaire.**   95 voix (élu).
Geoffroy. . . . . . .   88 —
Doria. . . . .   84 —
Febvre.. . . . .   76 —
Carrelet de Loisy.. .   4 —

Deuxième tour.

Votants : 183. — Maj. abs. : 92.

Marquis **Doria**. . .   94 voix (élu).
Geoffroy. . . . .   88 —
Bulletin nul. .   1 —

ÉLECTIONS GÉNÉRALES DES 4 ET 13 NOVEMBRE 1820

L'art. 37 de la Charte prescrivait le renouvellement de la Chambre des députés chaque année par cinquième, et l'art. 76 disposait que ce renouvellement aurait lieu suivant l'ordre établi entre les séries, conformément au Sénatus-Consulte de thermidor an X.

Mais une ordonnance du roi, en date du 27 novembre 1816, considérant que les séries établies anciennement par le Sénatus-Consulte de l'an X étaient devenues confuses et inégales par suite de la disparition d'un grand nombre de départements enlevés à la France en 1814 et 1815, établit une nouvelle classification des 86 départements en 5 séries désignées par les lettres A. B. C. D et E. Elle dispose en outre qu'il sera fait, pendant la session de 1816, en séance publique de la Chambre des députés, un tirage au sort entre les séries, pour déterminer l'ordre dans lequel elles seront appelées à renouveler les députés. Ce tirage au sort eut lieu dans la séance du 22 janvier 1817; la série B, dont faisait partie le département de Saône-et-Loire, sortit la 4e, et par suite, sa députation devait être renouvelée en 1820.

La loi du 5 février 1817 vint enfin remplir la lacune de la Charte sur le système électoral. Jusqu'alors on avait conservé provisoirement les collèges d'arrondissement et de département constitués par le Sénatus-Consulte de l'an X, sauf certaines modifications indiquées précédemment. La loi du 5 février 1817 supprime les collèges d'arrondissement : il n'y a dans chaque département qu'un seul collège électoral, dont les membres doivent être âgés de 30 ans au moins et payer 300 francs d'impôts directs. Ce collège nomme directement et au scrutin de liste les députés du département; ceux-ci, aux termes de la Charte, doivent être âgés d'au moins 40 ans et payer 1,000 francs d'impôts directs. Le nombre total des députés reste fixé à 258 et les séries, reconstituées en 1816 pour le renouvellement annuel par cinquièmes, sont conservées.

Il n'y eut, sous l'empire de cette loi, aucune élection dans Saône-et-Loire; car, avant le renouvellement partiel de 1820, la Loi du 29 juin 1820 modifia profondément le système électoral.

Cette loi, dite « Loi du double vote », portée sous l'influence de la réaction royaliste, avait pour objet de donner la prépondérance dans les élections à l'élément aristocratique.

Les 258 députés actuels — au lieu d'être nommés au scrutin de liste départemental par les électeurs réunis en un seul collège au chef-lieu du département, — seront nommés par ces mêmes électeurs divisés en collèges électoraux d'arrondissement, à raison de 1 par collège : à cet effet, chaque département doit être divisé en autant d'arrondissements électoraux qu'il nomme à présent de députés (4 pour Saône-et-Loire).

Il est créé en outre 172 sièges nouveaux de députés, répartis entre les départements selon leur importance. Ces 172 députés nouveaux sont nommés au scrutin de liste, dans chaque département, par un collège électoral de département formé des électeurs les plus imposés, en nombre égal au quart de la totalité des électeurs du département. On voit que les électeurs les plus imposés (le quart de la totalité) jouiront du privilège de voter à la fois dans le collège de département et dans un collège d'arrondissement.

Le nombre des membres de la Chambre des députés se trouve porté par là à 430.

Le renouvellement annuel par cinquième est maintenu : le cinquième renouvelable en 1820 sera nommé par les collèges d'arrondissement ; les collèges de département procèderont la même année aux nominations qui leur sont attribuées.

Dans le système de cette loi, le nombre des députés assigné à Saône-et-Loire est de 7, dont 3 sont nommés par le collège de département et 4 par les collèges d'arrondissement.

Une ordonnance royale du 30 août 1820, confirmée ultérieurement par la Loi du 16-26 mai 1821, fixa les circonscriptions des collèges électoraux d'arrondissement ; les circonscriptions des 4 arrondissements électoraux de Saône-et-Loire étaient déterminées de la façon suivante :

Premier arrondissement électoral : tous les cantons de l'arrondissement de Mâcon ; et les cantons de Cuiseaux, Cuisery, Louhans et Montpont, de l'arrondissement de Louhans.

Deuxième arrondissement électoral : tous les cantons de l'arrondissement de Chalon-sur-Saône ; et les cantons de Beaurepaire, Montret, Pierre et Saint-Germain-du-Bois, de l'arrondissement de Louhans.

Troisième arrondissement électoral : tous les cantons de l'arrondissement d'Autun.

Quatrième arrondissement électoral : tous les cantons de l'arrondissement de Charolles.

Une ordonnance royale du 11 octobre 1821 convoqua pour le 4 notembre suivant les collèges d'arrondissement dans les départements de la 4e série, et pour le 13 novembre les collèges de département dans toute la France. Une autre ordonnance du même jour porte nomination des présidents et vice-présidents des collèges électoraux.

PREMIER ARRONDISSEMENT ÉLECTORAL DE S.-ET-L.

Président du collège : *Doria*, député sortant.
Vice-président : *Pochon*, membre du Conseil général.

Electeurs : 625. — Votants : 583.

Maynenud de Lareaux (Etienne), lieutenant-général, demeurant à Cormatin. . . . . 346 voix (élu).
Marquis Doria, député sortant. . . . . 161 —
Febvre, conseiller de préfecture. . . . . 54 —
Bénon-Lacombe. . . . . 12 —
Pochon, vice-président. . . . . 1 —

DEUXIÈME ARRONDISSEMENT ÉLECTORAL

Président du collège : *Carrelet de Loisy* (Antoine-Bernard), propriétaire à Terrans, en remplacement du *marquis de Ganay*, qui ne s'est pas rendu à son poste.

Electeurs : 714. — Votants : 629.

Comte de Thiard (Auxonne-Théodose), maréchal de camp. . . . . 459 voix (élu).
Burignot de Varennes. . . . . 97 —
Général Poncet. . . . . 67 —

TROISIÈME ARRONDISSEMENT ÉLECTORAL

Président du collège : *de Vichy* (Roch-Etienne), évêque d'Autun.

Electeurs : 277. — Votants : 256.

Billardet (Bernard), maire de la ville d'Autun. . . . 173 voix (élu).
Martin (Jacques), médecin à Couches. . . . . 76 —
Collins de Gévaudan, ancien maire d'Autun. . . . . . . 5 —
Bulletins nuls. 2

QUATRIÈME ARRONDISSEMENT ÉLECTORAL

Président du collège : *marquis de Beaurepaire*, député sortant.

Electeurs : 421. — Votants : 353.

Humblot-Conté (Arnoult), propriét. et négociant. 193 voix (élu).
Bijon, conseiller à la Cour royale de Dijon. . . . . . . 126 —
Marquis de Drée. . . . . 11 —
Comte de Pancemont. 4 —
Beaumont de Mornay. 4 —

COLLÉGE DE DÉPARTEMENT

Président : le *marquis de La Guiche*, pair de France.

Electeurs : 527. — Votants : 419.

Carrelet de Loisy (Antoine-Bernard, membre du
Conseil général. . . . . 254 voix (élu).
Marquis **Doria**, député sortant.. . . . . 253 — —
Marquis de **Beaurepaire**, député sortant. . . . . 245 — —
Paccard, député sortant. . . . . 202 —
Benon-Lacombe (Pierre), marchand de vins à Flacey. . . 193 —
Simonnot, ancien sous-préfet. . . . . 173 —
De Noailles. . . . . 4 —
De Ganay.. . . . . 3 —
Febvre, conseiller de préfecture. . . . . 1 —

ÉLECTIONS GÉNÉRALES DES 25 FÉVRIER ET 6 MARS 1824

Une ordonnance du roi en date du 24 décembre 1823 prononça la dissolution de la Chambre des députés et convoqua les colléges électoraux de tout le royaume, ceux d'arrondissement pour le 25 février 1824, et ceux de département pour le 6 mars; une autre ordonnance en date du même jour porte nomination des présidents des colléges. Rien n'est changé dans le nombre des députés à nommer par le département de Saône-et-Loire, ni dans les circonscriptions des arrondissements électoraux.

PREMIER ARRONDISSEMENT ÉLECTORAL DE S.-ET-L.

Président du collège : *marquis Doria*, député sortant.

Electeurs : 622. — Votants : 550.

Marquis **Doria**, député sortant.. . . . . 351 voix (élu).
Comte de Rambuteau (Claude-Philibert Barthelot). . . . 192 —
Voix perdues. . . . . 4 —

DEUXIÈME ARRONDISSEMENT ÉLECTORAL

Président du collège : *Carrelet de Loisy*, député sortant.

Electeurs : 621. — Votants : 590.

Comte de **Thiard**, député sortant. . . . . 316 voix (élu).
Carrelet de Loisy, député sortant. . . . . 271 —
Hamblot-Conté. . . . . 1 —
Bulletin nul. 1

TROISIÈME ARRONDISSEMENT ÉLECTORAL

Président du collège : *comte de Vichy*, évêque d'Autun, pair de France.

Electeurs : 218. — Votants : 200.

Serpillon (Nicolas), maire d'Etang, membre du Conseil d'arrondissement. . . . . 129 voix (élu).
Marquis de Ganay. . . . . 67 —
Comte de Mac-Mahon. . . . . 2 —
De Fontenay (Paul). . . . . 2 —

QUATRIÈME ARRONDISSEMENT ÉLECTORAL

Président du collège : le *marquis de Beaurepaire*, député sortant.

Electeurs : 317. — Votants : 181.

Marquis de **Beaurepaire**, député sortant. . . . . . 173 voix (élu).
Humblot-Conté. 4 —
Voix perdues. 4

COLLÉGE DE DÉPARTEMENT

Président : le *marquis de La Guiche*, pair de France.

Electeurs : 444. — Votants : 346.

Carrelet de Loisy, député sortant. . . . . 229 voix (élu).
Desvignes de Davayé (Abel-Jean-Baptiste), maire de Mâcon. . . . . 224 — .
De **Fontenny** (Paul-Andoche), maire de Sommant, chevalier de Saint-Louis. . . . . 196 — —
Humblot-Conté. 113 —
Comte de Rambuteau. . . . . 101 —
Caumartin. . . . . 82 —
Perrin de Duron. . . . . 53 —
Demure. . . . . 13 —
De Vichy. . . . . 4 —

La loi du 9 juin 1824, modifiant l'article 37 de la Charte, décida que la Chambre actuelle et les Chambres qui la suivraient seraient renouvelées intégralement et que leur mandat aurait une durée de 7 années, sauf le cas de dissolution par le Roi.

ÉLECTIONS GÉNÉRALES DES 17 ET 21 NOVEMBRE 1827

Une ordonnance royale, en date du 5 novembre 1827, prononça la dissolution de la Chambre des députés, et convoqua les collèges électoraux de tout le royaume, ceux d'arrondissement pour le 17 novembre, et ceux de département pour le 21 du même mois. Une autre ordonnance en date du même jour nommait les présidents des collèges électoraux.

PREMIER ARRONDISSEMENT ÉLECTORAL DE S.-ET-L.

Président du collège : *marquis Doria*, député sortant.

Electeurs : 529. — Votants : 453.

Comte de **Rambuteau** (Claude-Philibert Barthelot), ancien préfet, membre du Conseil général.... 298 voix (élu).
Marquis Doria, député sortant............ 152 —
Voix perdues.............. 3 —

DEUXIÈME ARRONDISSEMENT ÉLECTORAL

Président du collège : le *marquis de Beaurepaire*, député sortant.

Electeurs : 501. — Votants : 439.

Comte de **Thiard**, député sortant............ 310 voix (élu).
Le général Brunet............ 104 —
Voix perdues............ 25 —

TROISIÈME ARRONDISSEMENT ÉLECTORAL

Président du collège : *de Fontenay*, député sortant.

Electeurs : 207. — Votants : 187.

De **Fontenay** (Jean-Paul-Andoche), député sortant.. 101 voix (élu).
De Montépin (Jules)............ 77 —
Voix perdues.............. 9

QUATRIÈME ARRONDISSEMENT ÉLECTORAL

Président du collège : *Thomé de Saint-Cyr*, membre du Conseil d'arrondissement.

Electeurs : 256. — Votants : 224.

Humblot-Conté (Arnoult), négociant, anc. député. 124 voix (élu).
Thomé de Saint-Cyr, président du collège........ 94 —
Voix perdues.............. 6 —

COLLÉGE DE DÉPARTEMENT.

Président : le *marquis de La Guiche*, pair de France.

Electeurs : 373.

Premier tour. Votants : 300. — Majorité absolue : 151.

Marquis **Doria**, député sortant.............. 177 voix (élu).
Bernigaud de Chardonnet (Louis-Marie-Hil.),
    sous-préfet de Chalon.............. 162 — —
Comte de Vichy.............. 148 —
Marquis de Drée.............. 136 —
Moyne, avocat à Chalon.............. 132 —
Puvis (Ambroise).............. 111 —

Deuxième tour. Votants : 279. — Majorité absolue : 139.

Comte de **Vichy** (Abel-Claude-Goerick), de Marcigny. . 149 voix (élu).
Marquis de Drée.............. 126 —
    Voix perdues.............. 4

ÉLECTIONS PARTIELLES DES 10 ET 21 AVRIL 1828

A la séance du 9 février 1828, l'élection de *Bernigaud de Char-donnet* est annulée, l'élu ne justifiant pas du cens exigé par la loi.

A la séance du 28 février 1828, *Humblot-Conté*, élu à la fois par le collège d'arrondissement de Charolles (Saône-et-Loire), et par le collège d'arrondissement de Villefranche (Rhône), déclare opter pour ce dernier.

En conséquence, une ordonnance royale, en date du 6 mars 1828 convoque à Mâcon, pour le 10 avril, le collège départemental de Saône-et-Loire à l'effet de remplacer de Chardonnet, et à Charolles pour le 21 avril le 4e collège d'arrondissement à l'effet de remplacer Humblot-Conté. Deux autres ordonnances en date des 23 mars et 6 avril 1828 nomment les présidents des deux collèges.

COLLÉGE DE DÉPARTEMENT DE S.-ET-L.

Président : le *marquis Doria*, membre de la Chambre des députés.

Electeurs : 302.

Premier tour. Votants : 270. — Majorité absolue : 136.

Moyne-Petiot.............. 135 voix.
De Montessy aîné.............. 117 —
Marquis de Ganay (Charles).............. 11 —
De Sassenay.............. 4 —
Feutrier.............. 3 —

    (Pas de résultat.)

Deuxième tour. Votants : 265. — Majorité absolue : 133.

Moyne-Petiot (Jean-Pierre-Claude-Nicolas), avocat
à Chalon. . . . . 136 voix (élu).
Marquis de Ganay. . . . . 127 —
   Voix perdues. 2

QUATRIÈME ARRONDISSEMENT ÉLECTORAL

Président du collège : *Maublanc de Chizeuil* (Henry), maire de Digoin.

   Électeurs : 254. — Votants : 193.

Marquis de **Drée** père (Etienne-Gilbert), conseiller
  général, à Curbigny. . . . . 127 voix (élu).
Comte Moreton de Chabrillan (Marie-Constant). . . . . . 68 —
Pressavin (Guillaume-Côme-Antoine). . . . . 1 —

ÉLECTIONS GÉNÉRALES DES 23 JUIN ET 3 JUILLET 1830

L'ordonnance royale du 16 mai 1830 prononça la dissolution de la Chambre des députés et convoqua les collèges électoraux de tout le royaume, ceux d'arrondissement pour le 23 juin, et ceux de département pour le 3 juillet suivant. Les Chambres devaient se réunir le 3 août 1830. Une autre ordonnance du 6 juin 1830 désigna les villes où devaient se réunir les collèges et en nomma les présidents.

PREMIER ARRONDISSEMENT ÉLECTORAL DE S.-ET-L.

Président du collège : *marquis Doria*, député sortant.

   Électeurs : 493. — Votants : 450.

Comte de **Rambuteau**, député sortant. . . . . 301 voix (élu).
Delahante. . . . . 143 —
   Voix perdue. 1

DEUXIÈME ARRONDISSEMENT ÉLECTORAL

Président du collège : *Blanc* (Antoine), maire de Chalon.

   Électeurs : 542. — Votants : 477.

Comte de **Thiard**, général, député sortant. . . . . . 354 voix (élu).
De Sassenay. 109 —
   Voix perdues. . . . . 14 —

TROISIÈME ARRONDISSEMENT ÉLECTORAL

Président du collège : *le duc de Rauzan.*

Electeurs : 227. — Votants : 207.

De **Fontenay** (Paul), député sortant.. . . . . 115 voix (élu).
De Montépin (Jules).. . . . . 83 —
De Martignac, ministre d'Etat. . . . . 1 —
Bulletins nuls.. 8

QUATRIÈME ARRONDISSEMENT ÉLECTORAL

Président du collège : le *vicomte de Suleau,* directeur général de l'enregistrement.

Electeurs : 290. — Votants : 253.

Marquis de **Drée**, député sortant.. . . . . 151 voix (élu).
Le comte de Digoine. . . . . 102 —
Voix perdues. 2

COLLÈGE DE DÉPARTEMENT

Président : le *marquis de La Guiche,* pair de France.

Electeurs : 388.

Premier tour. Votants : 356. — Majorité absolue : 179.

Marquis **Dorin**, député sortant.. . . . . 203 voix (élu).
Marquis de **Sassenay** (Claude-Henry-Etienne), secré-
taire des commandements de la duchesse de
Berry. 181 — —
Duc de Rauzan. . . . . 177 —
Moyne-Petiot, député sortant. . . . . 169 —
De Lacretelle. . . . . 158 —
Paris (Ambroise). . . . . 156 —
Voix perdues. . . . . 13 —

Deuxième tour. Votants : 352. — Majorité absolue : 177.

Chastellux, duc de **Rauzan** (Henry-Louis). . . . 184 voix (élu).
Moyne-Petiot, député sortant (des 221). . . . . 165 —
Paris (Ambroise). . . . . 1 —
Bulletins nuls.. . . . . 2 —

A la suite de ces élections, qui furent, dans leur ensemble, un échec complet pour le ministère Polignac, le roi Charles X, par les fameuses Ordonnances du 25 juillet 1830, prononça de nouveau la dissolution de la Chambre des députés et modifia profondément le système électoral : le nombre des députés était réduit à 258; les collèges d'arrondissement ne faisaient plus que présenter des candidats aux collèges de département; les patentes ne seraient plus comprises dans le cens électoral. Les collèges électoraux étaient convoqués pour les 6 et 13 septembre suivant, à l'effet de procéder à de nouvelles élections.

Le résultat de ce coup d'Etat fut la Révolution de 1830 et le renversement du trône de Charles X.

GOUVERNEMENT DE JUILLET

9 août 1830 — 24 février 1848.

La Charte constitutionnelle du 7 août 1830 renvoya à une loi ultérieure l'organisation des collèges électoraux et la fixation des conditions électorales et d'éligibilité.

Toutefois elle apporte de suite des modifications au système alors en vigueur : la durée des législatures est réduite à 5 ans ; l'âge requis pour être électeur est abaissé à 25 ans et celui requis pour être élu député à 30 ans ; les présidents des collèges électoraux sont nommés par les électeurs.

En attendant le vote de la loi électorale, une loi du 12 septembre 1830 soumit à la réélection tout député qui accepterait des fonctions publiques salariées. Une autre loi, en date du même jour, décida que les députés décédés, démissionnaires, ou nommés à des fonctions publiques, seraient provisoirement remplacés par les collèges électoraux qui les avaient élus. En conséquence, une ordonnance de la même date convoque à cet effet les collèges électoraux dont les sièges étaient vacants, ceux d'arrondissement pour le 21 octobre 1830 et ceux de département pour le 28.

ÉLECTION PARTIELLE DU 21 OCTOBRE 1830

Parmi les collèges d'arrondissement convoqués (tableau annexé n° 1), figure le collège du 3ᵉ arrondissement électoral de Saône-et-Loire (Autun), dont le député élu en juin 1830, *Paul de Fontenay*, avait donné sa démission par lettre lue à la séance de la Chambre du 17 août 1830.

TROISIÈME ARRONDISSEMENT ÉLECTORAL DE S.-ET-L.

Électeurs : 249. — Votants : 181. — Majorité : 91.

Aymon de Montépin (Pierre-François-Jules),
propriétaire à Autun. . . . . 174 voix (élu).
De Lamartine. . . . . 2 —
De Ganay. . . . . 1 —
De Mandelot (Adolphe). . . . . 1 —
Bulletins nuls. . . . . 3 —

ÉLECTIONS GENERALES DU 5 JUILLET 1831

La loi du 19 avril 1831 régla définitivement l'organisation électorale et resta en vigueur pendant toute la durée du règne de Louis-Philippe.

Le cens électoral est abaissé à 500 francs de contributions directes pour être éligible, et à 200 francs pour être électeur. Le nombre total des députés est fixé à 459. Le collège départemental est supprimé; chaque département est divisé en un certain nombre de collèges qui nomment chacun un député; un tableau annexé à la loi détermine les nouvelles circonscriptions électorales.

Le département de Saône-et-Loire nomme 7 députés, et est, par suite, divisé en 7 collèges, dont les circonscriptions sont les suivantes :

1er Collège : Mâcon-ville (2 cantons); La Chapelle-de-Guinchay.

2e Collège : Mâcon-arrondissement, moins les 3 cantons ci-dessus.

3e Collège : Chalon-ville (2 cantons).

4e Collège : Chalon-l'arrondissement, moins les 2 cantons de la ville.

5e Collège : Autun.

6e Collège : Charolles.

7e Collège : Louhans.

Une ordonnance royale du 31 mai 1831 déclara la Chambre des députés dissoute et convoqua les collèges électoraux de tout le royaume pour le 5 juillet suivant. Une autre ordonnance, en date du 15 juin suivant, fixe les villes dans lesquelles devront se réunir les collèges : pour Saône-et-Loire, ce sont les 5 chefs-lieux d'arrondissement.

PREMIER COLLÈGE DE S.-ET-L.

Electeurs : 363. — Votants : 318. — Majorité : 160.

Comte de **Rambuteau**, député sortant. . . . . 212 voix (élu).
De Lamartine (Alphonse). . . . . 45 —
Laffite (Jacques). . . . . 29 —
De Lafayette père.. 1

DEUXIÈME COLLÉGE

Electeurs : 373. — Votants : 328. — Majorité : 164.

Brosse (Charles), maire de Cormatin, conseiller géné-
  ral, lieutenant de louveterie. . . . . 205 voix (élu).
Boudier, de Tournus. . . . . 108 —
De Lamartine. . . . .   9 —
   Voix perdues.   4

TROISIÈME COLLÉGE

Electeurs : 402. — Votants : 360. — Majorité : 181.

Général de Thiard, député sortant. . . . . 236 voix (élu).
Petiot-Groffier, propriétaire et négociant à Chalon. . .   87 —
Hennequin, avocat à Paris. . . . .   32 —
   Voix perdues.   5

QUATRIÈME COLLÉGE

Electeurs : 454. — Votants : 393. — Majorité : 198.

Général de Thiard. député sortant. . . . . 236 voix (élu).
Lerouge (Bernard-Michel-Henry), président du tribunal
  civil de Chalon. . . . . 147 —
   Voix perdues. . . . .   10 —

CINQUIÈME COLLÉGE

Electeurs : 350. — Votants : 274. — Majorité : 138.

De Montépin (Jules), député sortant. . . . . 195 voix (élu).
Menand, procureur du roi à Chalon. . . . .   76 —
   Voix perdues.   3

SIXIÈME COLLÉGE

Electeurs : 461. — Votants : 325. — Majorité : 163.

Marquis de Drée, député sortant. . . . . 182 voix (élu).
Trullard père (Guillaume). . . . . 132 —
   Voix perdues.   4
   Bulletins nuls.   7

SEPTIÈME COLLÉGE

Electeurs : 350. — Votants : 316. — Majorité : 159.

Guillemaut-Mailly (Jean-Joseph-Philibert), mé-
  decin, maire de Louhans, conseiller général. . . 225 voix (élu).
Commaret aîné.   55 —
Paris (Ambroise). . . . .   20 —
   Voix perdues et bulletins nuls. . . . .   15 —

ÉLECTION PARTIELLE DU 1er OCTOBRE 1831

A la séance du 22 août 1831, le *général de Thiard*, élu à la fois par le 3e et le 4e collège de Saône-et-Loire, déclare opter pour le 3e; en conséquence, une ordonnance en date du 11 septembre 1831 convoque, à Chalon, les électeurs du 4e collège de Saône-et-Loire pour le 1er octobre suivant, à l'effet de lui élire un remplaçant.

QUATRIÈME COLLÉGE

Electeurs : 452. — Votants : 326. — Majorité : 164.

De **Corcelles** (Claude, Tirecuy de la Barre), ancien
    député du Rhône. . . . . 189 voix (élu).
Lerouge, président du tribunal civil. . . . . 134 —
       Voix perdues. 3

ÉLECTION PARTIELLE DU 12 JUIN 1832

Brosse étant mort à Paris le 25 avril 1832, une Ordonnance en date du 12 mai 1832 convoque les électeurs du 2e collège de Saône-et-Loire pour le 12 juin suivant, à l'effet de lui élire un remplaçant.

DEUXIÈME COLLÉGE

Electeurs : 390. — Votants : 205. — Majorité : 143.

Durénult (Pierre-Christophe-Marcellin), avocat, juge
    de paix de St Gengoux. . . . . 170 voix (élu).
Tondut. . . . . 64 —
De Lamartine. . . . . 52 —
Ochier. . . . . 1 —
       Bulletins nuls. 8

ÉLECTION PARTIELLE DU 1er JUIN 1833

A la séance du 24 avril 1833, *Guillemaut* donne sa démission; en conséquence, une ordonnance en date du 5 mai 1833 convoque les électeurs du 7e collège de Saône-et-Loire pour le 1er juin suivant, à l'effet de lui élire un remplaçant.

SEPTIÈME COLLÉGE

Electeurs : 365. — Votants : 275. — Majorité : 133.

Baron de **Chapuys-Montlaville** (Benoit-Marie-
-Louis-Alceste), maire à Chardonnay. . . . . . 162 voix (élu).
Lerouge, président du tribunal de Chalon. . . . . 109 —
     Voix perdues. . . . . 4 —

ÉLECTION PARTIELLE DU 10 AOUT 1833

Une ordonnance en date du 22 juin 1833 nomme *de Rambuteau* préfet de la Seine; en conséquence, aux termes de la loi du 12 septembre 1830, sur la réélection des députés promus à des fonctions publiques, une ordonnance en date du 28 juin 1833 convoque les électeurs du 1er collège de Saône-et-Loire pour le 10 août suivant, à l'effet d'élire un député.

PREMIER COLLÉGE (333 électeurs).

Premier tour. Votants : 268. — Majorité : 135.

Lacretelle (Charles), membre de l'Académie française. . . 110 voix.
Chardel, ancien député, conseiller à la Cour de Cassation. 93 —
Bonnet-Rivet, négociant à Flacé. . . . . 59 —
     Voix perdues. 5
     Bulletin nul. 1
     (Pas de résultat.)

Deuxième tour. Votants : 252. — Majorité : 127.

Chardel (Casimir-Marie-Marcellin-Pierre-Célestin). . . 134 voix (élu).
Lacretelle (Charles). . . . . 118 —

ÉLECTIONS GÉNÉRALES DU 21 JUIN 1834

Ordonnance royale en date du 25 mai 1834, qui prononce la dissolution de la Chambre des députés et convoque les collèges électoraux de tout le royaume pour le 21 juin suivant.

PREMIER COLLÉGE DE S.-ET-L.

Electeurs : 349. — Votants : 292. — Majorité : 147.

De **Lamartine** (Alphonse). . . . . 170 voix (élu).
Mathieu (Claude-Louis), de l'Institut. . . . . 121 —
    Voix perdues. 1

DEUXIÈME COLLÉGE (353 électeurs).

Premier tour. Votants : 274. — Majorité : 138.

De Lamartine. . . . . 98 voix.
Duréault, député sortant. . . . . 70 —
De La Charme. . . . . 58 —
Pelloree. . . . . 31 —
    Voix perdues. . . . . 17 —
       (Pas de résultat.)

Deuxième tour. Votants : 211. — Majorité : 106.

Duréault. . . . . 81 voix.
De La Charme. . . . . 66 —
De Lamartine.. . . . . 56 —
    Voix perdues.. . . . . 7 —
       (Pas de résultat.)

Scrutin de ballotage. Votants : 203.

De **La Charme** (Jean-Louis), propriétaire à Matour,
    conseiller général. . . . . 102 voix (élu).
Duréault, député sortant.. . . . . 97 —
    Voix perdues.. . . . . 4 —

TROISIÉME COLLÉGE

Electeurs : 387. — Votants : 311. — Majorité : 156.

Petiot-Groffler (Fortuné-Joseph), propriétaire,
    maire de Chalon. . . . . 158 voix (élu).
Général de Thiard, député sortant. . . . . 149 —
    Voix perdues.. 4

QUATRIÉME COLLÉGE

Electeurs : 469. — Votants : 375. — Majorité : 188.

Lerouge (Bernard), conseiller à la Cour de Dijon. . . 192 voix (élu).
Général de Thiard, député sortant. . . . . 164 —
    Voix perdues. 19

CINQUIÈME COLLÉGE

Electeurs : 350. — Votants : 275. — Majorité : 138.

De **Montépin** (Jules), député sortant . . . . 198 voix (élu).
De Burgat . . . . 67 —
     Voix perdues . . . . 10 ·

SIXIÈME COLLÉGE

Electeurs : 503. — Votants : 390. — Majorité : 196.

Marquis de **Drée**, député sortant . . . . 216 voix (élu).
Sauzet, avocat . . . . 107 —
De Corcelles fils . . . . 51 —
     Bulletins nuls . . . . 13 —

SEPTIÈME COLLÉGE (396 électeurs).

Premier tour. Votants : 339. — Majorité : 170.

De Chapuys-Montlaville, député sortant . . . . 158 voix.
De Ségur (Alex.) . . . . 81 —
Doria . . . . 49 —
Lorin, conseiller à la Cour de Dijon . . . . 37 —
     Voix perdues . . . . 14 —
     (Pas de résultat.)

Deuxième tour. Votants : 294. — Majorité : 148.

De **Chapuys-Montlaville**, député sortant . . . . 166 voix (élu).
De Ségur (Alex.) . . . . 114 —
     Voix perdues 14

ÉLECTION PARTIELLE DU 10 JANVIER 1835

A la séance du 5 décembre 1834, *Lamartine*, élu à la fois par le
1er collège de Saône-et-Loire (Mâcon-ville) et par le 2e collège de
Dunkerque (Bergues), déclare opter pour ce dernier. En conséquence,
une ordonnance en date du 12 décembre 1834, convoque les électeurs du 1er collège de Saône-et-Loire à l'effet d'élire un député.

PREMIER COLLÉGE

Electeurs : 399. — Votants : 291. — Majorité : 146.

Mathieu (Claude-Louis), de l'Institut . . . . 168 voix (élu).
Aubel . . . . 60 —
Pelloree . . . . 47 —
Bonnetain (Victor) . . . . 16 —

ELECTIONS GÉNÉRALES DU 4 NOVEMBRE 1837

Ordonnance royale en date du 3 octobre 1837 qui prononce la dissolution de la Chambre des députés et convoque les collèges électoraux de tout le royaume pour le 4 novembre suivant.

PREMIER COLLÉGE DE S.-ET-L.

Electeurs : 384. — Votants : 334. — Majorité : 168.

De **Lamartine**.	171 voix (élu).
Mathieu, député sortant.	160 —
Voix perdues.	3

DEUXIÈME COLLÉGE

Electeurs : 419. — Votants : 342. — Majorité : 172.

De **Lamartine**.	187 voix (élu).
Duréault, ancien député.	145 —
De La Charme, député sortant.	8 —
Bulletins nuls.	2

TROISIÉME COLLÉGE

Electeurs : 460. — Votants : 365. — Majorité : 183.

Petiot-Groffier, député sortant.	194 voix (élu).
Général de Thiard, ancien député.	166 —
Voix perdues.	5

QUATRIÈME COLLÉGE

Electeurs : 517. — Votants : 432. — Majorité : 217.

Général de **Thiard**, ancien député.	221 voix (élu).
Lerouge, député sortant.	203 —
Voix perdues.	8

CINQUIÈME COLLÉGE

Electeurs : 412. — Votants : 269. — Majorité : 135.

De **Montépin**, député sortant.	143 voix (élu).
Carnot (Hippolyte).	63 —
Laureau de Thory.	59 —

SIXIÈME COLLÈGE

Electeurs : 564. — Votants : 376. — Majorité : 189.

Lambert (Pierre), avocat, ancien sous-préfet de Cha-
rolles. . . . . 204 voix (élu).
De Suleau. . . . . 63 —
De Corcelles. . . . . 58 —
Sauzet. . . . . 46 —

SEPTIÈME COLLÈGE

Electeurs : 457. — Votants : 325. — Majorité : 163.

De **Chapuys-Montlaville**, député sortant. . . . 225 voix (élu).
Lorin. . . . . 94 —
      Voix perdues. 6

ÉLECTIONS PARTIELLES DES 22 FÉVRIER ET 3 MARS 1838

A la séance du 15 janvier 1838, *Lamartine*, élu à la fois par le
2e collège de Dunkerque, et par les 1er et 2e collèges de Saône-et-
Loire, déclare opter pour le 1er collège de S.-et-L. (Mâcon-ville).

A la séance du 25 janvier 1838, le *général de Thiard*, élu à la fois
par le collège de Lannion (Côtes-du-Nord), et par le 4e collège de
Saône-et-Loire, déclare opter pour Lannion.

En conséquence, une ordonnance en date du 29 janvier 1838 convoque le 2e collège de Saône-et-Loire pour le 22 février suivant, et
le 4e collège pour le 3 mars, à l'effet d'élire chacun un député.

DEUXIÈME COLLÈGE

Electeurs : 419. — Votants : 321. — Majorité : 161.

Mathieu, de l'Institut, ancien député. . . . . 190 voix (élu).
De La Charme, ex-député. . . . . 127 —
      Bulletins nuls. 4

QUATRIÈME COLLÈGE

Electeurs : 517. — Votants : 383. — Majorité : 191.

Le général baron **Bachelu** (Gilbert-Désiré-Joseph). . . 206 voix (élu).
L'ouge, ancien député. . . . . 176 —
Chago. . . . . 2 —
De Tracy. . . . . 2 —
      Voix perdues. 2

ÉLECTIONS GÉNÉRALES DU 2 MARS 1839.

Ordonnance royale en date du 2 février 1839, qui prononce la dissolution de la Chambre des députés, et convoque les collèges électoraux de tout le royaume pour le 2 mars suivant. Une seconde ordonnance du 11 février suivant fixe les lieux de réunion des collèges.

PREMIER COLLÉGE DE S.-ET-L.

Electeurs : 357. — Votants : 317. — Majorité : 159.

De **Lamartine**, député sortant. . . . . 192 voix (élu).
Mathieu, de l'Institut. . . . . 123 —
Doria. . . . . 2 —

DEUXIÈME COLLÉGE

Electeurs : 420. — Votants : 365. — Majorité : 183.

Mathieu, de l'Institut, député sortant. . . . . 185 voix (élu).
de La Charme, ancien député. . . . . 175 —
De Lamartine.. 5

TROISIÈME COLLÉGE (419 électeurs).

Premier tour. Votants : 396. — Majorité : 199.

Petiot-Groffier, député sortant.. . . . . 189 voix.
Delaroche-Nully, maire à Saint-Germain-du-Bois. . . . . 151 —
De Suleau. . . . . 52 —
   Voix perdues.. 4
    (Pas de résultat.)

Deuxième tour. Votants : 392. — Majorité : 197.

Petiot-Groffier. . . . . 195 voix.
Delaroche-Nully.. . . . . 145 —
De Suleau. . . . . 50 —
   Bulletins nuls.. 2
    (Pas de résultat.)

Scrutin de ballottage. Votants : 338.

Petiot-Groffier, député sortant.. . . . . 203 voix (élu).
Delaroche-Nully.. . . . . 130 —

QUATRIÈME COLLÉGE

Electeurs : 548. — Votants : 461. — Majorité : 231.

Le général **Bachelu**, député sortant. . . . . 249 voix (élu).
Le général Brunet-Denon (Vivant-Jean). . . . . 203 —
De Suleau. . . . . 5 —
     Voix perdues. . . . . 4 —

CINQUIÈME COLLÉGE (395 électeurs).

Premier tour. Votants : 332. — Majorité : 166.

De Montépin, député sortant. . . . . 133 voix.
Guyton (Louis), avocat, propriétaire à St-Léger-du-Bois. 77 —
Rey (Victor), propriétaire, maire de Tavernay. . . . . . 71 —
Comte d'Esterno, propriétaire, à La Selle-en-Morvan. . . 29 —
Carnot (Hippolyte). . . . . 13 —
     Voix perdues et bulletins nuls. 4

Deuxième tour. Votants : 323. — Majorité : 162.

De **Montépin**, député sortant. . . . . 162 voix (élu).
Rey. . . . . 79 —
Guyton. . . . . 78 —
     Voix perdues. 3

SIXIÈME COLLÉGE

Electeurs : 545. — Votants : 433. — Majorité : 217.

Lambert, député sortant. . . . . 218 voix (élu).
Lacroix (Augustin), propriétaire à La Clayette. . . . . 15 —
De Suleau. . . . . 73 —
De Digoine . . . . 2 —
     Bulletins nuls. 5

SEPTIÈME COLLÉGE

Electeurs : 450 — Votants : 337. — Majorité : 169.

De **Chapuys-Montlaville**, député sortant. . . . 233 voix (élu).
Boutelier (Henri). 83 —
     Voix perdues et bulletins nuls. 18

ELECTIONS GENERALES DU 9 JUILLET 1842

Une ordonnance royale en date du 12 juin 1842 prononce la dissolution de la Chambre des députés et convoque les collèges électoraux pour le 9 juillet suivant. Une autre ordonnance en date du même jour fixe les lieux de réunion des collèges électoraux : par dérogation aux dispositions antérieures, le 2ᵉ collège de S.-et-L., se réunira à Cluny.

PREMIER COLLÉGE DE S.-ET L.

Electeurs : 391. — Votants : 311. — Majorité : 156.

De **Lamartine**, député sortant..........	245 voix (élu).
Mathieu, de l'Institut.....................	61 —
Voix perdues................	4
Bulletin nul................	1

DEUXIÈME COLLÉGE

Electeurs : 448. — Votants : 307. — Majorité : 199.

Mathieu, député sortant..........	241 voix (lu).
De La Charme, ancien député..........	105 —
Ochier, médecin................	43 —
Bruys (Léon)................	2 —
Bulletin nul................	1

TROISIÈME COLLEGE (459 électeurs).

Premier tour. Votants : 305. — Majorité : 193.

Barignot de Varennes, minist. plénipotentiaire à Lisbonne.	178 voix.
Général de Thiard................	107 —
De Suleau, ancien préfet........	42 —
Voix perdues................	8
Bulletins nuls................	2
(Pas de résultat.)	

Deuxième tour. Votants : 402. — Majorité : 202.

Général de **Thiard**..........	206 voix (élu).
Barignot de Varennes..........	193 —
De Suleau..........	3 —

QUATRIÈME COLLÉGE

Electeurs : 559. — Votants : 477. — Majorité : 239.

Le général **Brunet-Denon** (Virzat-Jean). . . . . . . 251 voix (élu).
Le général Rachelu. député sortant. . . . . 219 —
      Voix perdues. 7

CINQUIÈME COLLÉGE (434 électeurs).

Premier tour. Votants : 350. — Majorité : 176.

Schneider aîné, maître de forges au Creusot. . . . . . 123 voix.
De Montépin, député sortant. . . . . 115 —
Guyton (Louis), avocat. . . . . 103 —
Carnot, ancien député. . . . . 9 —
De Monard (Etienne). . . . . 4 —
      Voix perdues. 3
        (Pas de résultat.)

Deuxième tour. Votants : 356. — Majorité : 179.

Schneider aîné. . . . . 148 voix.
De Montépin. . . . . 110 —
Guyton. . . . . 91 —
    Voix perdues et bulletins nuls. 4
        (Pas de résultat.)

Scrutin de ballotage. Votants : 328.

Schneider aîné (François-Antoine). . . . . 223 voix (élu).
De Montépin, député sortant. . . . . 101 —
    Voix perdues et bulletins nuls. 4

SIXIÈME COLLÉGE (607 électeurs).

Premier tour. Votants : 472. — Majorité : 237.

Lacroix (Claude-Marie-Augustin), maire de La Clayette, 214 voix.
Pellorce. . . . . 82 —
De Sermaize. . . . . 82 —
Le colonel Gay, propriétaire à Dijon. . . . . 51 —
Rognat. . . . . 25 —
Perret. . . . . 15 —
       (Pas de résultat.)

Deuxième tour. Votants : 439. — Majorité : 216.

Lacroix (Augustin), conseiller général. . . . . . . 252 voix (élu).
Pellorce, de Mâcon. . . . . 102 —
Mallard de Sermaize. . . . . 71 —

Rognat. . . . .   2 voix.
Le colonel Gay. . . . .   2 —
        Bulletin nul.   1

SEPTIÈME COLLÈGE

Electeurs : 447. — Votants : 246. — Majorité : 124.

De **Chapuys-Montlaville**, député sortant. . . . . 234 voix (élu).
        Voix perdues. . . . . 12 —

ÉLECTION PARTIELLE DU 13 FÉVRIER 1843

A la séance du 10 janvier 1843, le *général de Thiard*, élu à la fois par le collège de Lannion (Côtes-du-Nord), et par le 3ᵉ collège de S.-et-L., déclare opter pour Lannion. En conséquence, une ordonnance du roi en date du 18 janvier 1843 convoque le 3ᵉ collège de S.-et-L. pour le 13 février suivant, à l'effet de lui élire un remplaçant.

TROISIÈME COLLÈGE (443 électeurs).

Premier tour. Votants : 433. — Majorité : 214.

Le baron Burignot de Varennes, minis. plénipotentiaire. 102 voix.
Bastide (Jules), rédacteur du *National*. . . . . 154 —
Vicomte de Suleau, ancien préfet. . . . . 79 —
        Voix perdue. . . . . 1 —
        (Pas de résultat.)

Deuxième tour. Votants : 374. — Majorité : 188.

Burignot de Varennes (Edouard). . . . . 213 voix (élu).
Bastide (Jules). . . . . 157 —
De Suleau. 4

ÉLECTION PARTIELLE DU 13 SEPTEMBRE 1845

Schneider aîné meurt des suites d'une chute de cheval, le 3 août 1845. Une ordonnance royale en date du 15 août suivant convoque le 5ᵉ collège de S.-et-L. pour le 13 septembre, à l'effet de lui élire un remplaçant.

CINQUIÈME COLLÉGE

Electeurs : 417. — Votants : 373. — Majorité : 187.

Schneider (Eugène-Joseph), directeur des usines du
Creusot.. . . . . 277 voix (élu).
Guyton, avocat. 80 —
Le général Changarnier. . . . . 11 —
     Voix perdues et bulletins nuls. 5

ÉLECTIONS GÉNÉRALES DU 1ᵉʳ AOUT 1846

Ordonnance royale en date du 6 juillet 1846, qui prononce la
dissolution de la Chambre des députés et convoque les collèges électoraux pour le 1ᵉʳ août suivant ; autre ordonnance en date du même
jour, qui fixe les lieux de réunion des collèges ; ce sont, pour Saône-
et-Loire, les mêmes que pour les élections de 1842.

PREMIER COLLÉGE DE S.-ET-L.

Electeurs : 481. — Votants : 331. — Majorité : 166.

De Lamartine, député sortant. . . . . 320 voix (élu).
De Sarigny. . . . . 1 —
Thiers. . . . . 1 —
     Bulletins nuls. 9

DEUXIÈME COLLÉGE

Electeurs : 486. — Votants : 353. — Majorité : 177.

Mathieu, député sortant. . . . . 305 voix (élu).
De La Charme (Jean-Louis), ancien député. . . . . . . 31 —
Bruys des Gardes, conseiller à la Cour de Dijon. . . . 5 —
Dubois (Edouard), maire de Château. . . . . 4 —
Ochier, médecin à Cluny. . . . . 3 —
     Voix perdues. 4
     Bulletins blancs.. 11

TROISIÈME COLLÉGE (504 électeurs).

Premier tour. Votants : 442. — Majorité : 222.

Burignot de Varennes, député sortant. . . . . 168 voix.
Mathey (Charles), ancien notaire.. . . . . 100 —

Benoist, avocat à Chalon. . . . . 109 voix.
Coste (Ferdinand). . . . . 2 —
Desarbres (Charles). 1 —
Vernier. . . . . 1 —
   Bulletin blanc. 1
    (Pas de résultat.)

  Deuxième tour. Votants : 433. — Majorité : 217.

Mathey (Charles). . . . . 161 voix.
Burignot de Varennes. . . . . 163 —
Benoist. . . . . 101 —
Coste (Ferdinand). . . . . 2 —
Berthod (Ferdinand). 1 —
Général Brunet. . . . . 1 —
Vernier. . . . . 1 —
    (Pas de résultat.)

  Scrutin de ballotage. Votants : 404.

Mathey (Charles). . . . . 205 voix (élu).
Burignot de Varennes. . . . . 192 —
   Voix perdues. 7

QUATRIÈME COLLÉGE

  Electeurs : 601. — Votants : 604. — Majorité : 303.

Le général **Thiard**. . . . . 344 voix (élu).
Le général Brunet Denon, député sortant. . . . . 256 —
   Voix perdues. . . . . 4 —

CINQUIÈME COLLÉGE

  Electeurs : 515. — Votants : 414. — Majorité : 223.

Schneider (Eugène), député sortant. . . . . 203 voix (élu).
Le général Changarnier. . . . . 151 —
Guyton, avocat. . . . . 56 —
   Bulletin nul. 1

SIXIÈME COLLÉGE

  Electeurs : 659. — Votants : 481. — Majorité : 241.

Marquis de **La Guiche** (Philibert-Bernard), propriétaire à st-Bonnet de Joux, ancien capitaine d'état-
 major. . . . . 242 voix (élu).
Lacroix (Augustin), député sortant. . . . . 239 —

SEPTIÈME COLLÉGE

Électeurs : 464. — Votants : 282. — Majorité : 142.

De **Chapuys-Montlaville**, député sortant, ... 278 voix (élu).
Palanchon. . . . . 1 —
Paris (Ambroise) . . . . 1 —
Simerey. . . . . 1 —
Sixdeniers. . . . . 1 —

Le 24 février 1848, le Gouvernement provisoire prononça la dissolution de la Chambre des députés.

SECONDE RÉPUBLIQUE

24 février 1848 — 2 décembre 1851

ASSEMBLÉE CONSTITUANTE DE 1848

Le gouvernement provisoire, par un décret du 5 mars 1848, convoqua une Assemblée Constituante et établit le suffrage universel et direct pour sa nomination.

Est électeur, tout Français âgé de 21 ans, résidant depuis 6 mois dans la commune, et non judiciairement privé ou suspendu de l'exercice de ses droits civiques; tout électeur âgé de 25 ans est éligible. Les électeurs se réunissent pour voter au chef-lieu de canton. L'élection a lieu au scrutin de liste départemental : chaque bulletin doit contenir autant de noms qu'il y a de représentants à élire dans le département.

Le nombre total des membres de l'Assemblée Constituante est fixé à 900, à raison de 1 par 40.000 habitants (884 pour la France proprement dite, et 16 pour l'Algérie et les Colonies.)

Saône-et-Loire nomme 11 représentants.

Les élections, fixées d'abord au 9 avril, furent reculées jusqu'au 23 du même mois par décret en date du 26 mars 1848, et la réunion de l'assemblée au 4 mai suivant.

Résultat des élections dans le département de Saône-et-Loire.

Electeurs inscrits : 136.000 (environ). — Votants : 131.092.

1. **Lamartine**, ancien député. . . . . 129.879 voix (élu).
2. **Mathieu** (Claude-Louis), ancien député. . . 127.042 — —
3. **Bourdon** (François-Prudent), ingénieur-mécanicien au Creuzot. . . . . 127.008 — —
4. **Mathey** (Charles), de Chalon, ancien député. 126.451 — —
5. Général **Thiard**, ancien député, chargé d'affaires en Suisse. . . . . 120.770 — —
6. **Lacroix** (Augustin), de La Clayette, ancien député. . . . . 120.080 — —

7. **Rolland** (Pierre-Charles-Antoine), avocat, maire de Mâcon. . . . . 117.864 voix (élu).
8. **Pézerat** (Philibert), médecin à Charolles. . . 104.300 — —
9. **Petitjean-Roussin** (Richard-Philippe), juge de paix de Cuisery. . . . . 88.943 — —
10. **Reverchon** (Jacques-Edouard), agriculteur, maire de Marcigny. . . . . 83.581 — —
11. **Mennand** (Emiland-Anne-Marie), de Chalon, avocat, ancien magistrat. . . . . 77.994 — —
12. **Bastide** (Jules), rédacteur du *National*. . . . 70.163 — —
13. **Ledru-Rollin** (Alexandre-Auguste), ancien député. . . . . 64.462 — —
14. **Bruys** (Amédée), avocat à Cluny. . . . . 67.178 — —
Dariot, juge de paix du canton de Buxy. . . . . . 46.383 —
Carrelet de Loisy (Edouard), p^te à St-Emiland. . 43.892 —
Daron (Pierre), maire de Chalon, avocat. . . . 35.803 —
Parize, fermier à Sennecey-le-Grand. . . . . . . 31.770 —
Duréault, ancien député, juge de paix de St-Gengoux. . . . . 26.079 —
Foillard, médecin à Romanèche. . . . . 23.871 —
Bertucat (Ferdinand), ancien juge de paix, à Paray-le-Monial. . . . . 18.172 —
Bruys (Léon), à Montagny. . . . . 9.308 —
De Chizeuil, maire de Paray. . . . . 8.735 —
De Chapuys-Montlaville, ancien député. . . . . 8.369 —

ÉLECTIONS PARTIELLES DU 4 JUIN 1848

A la séance du 15 mai 1848, *Ledru-Rollin*, élu par la Seine, Saône-et-Loire, et l'Algérie, et *Lamartine*, élu par 10 départements, déclarent opter tous les deux pour le département de la Seine; *Bastide*, élu par Seine-et-Marne et Saône-et-Loire, déclare opter pour Seine-et-Marne. Trois représentants se trouvaient par conséquent à élire dans Saône-et-Loire. Un arrêté de la commission exécutive, en date du 22 mai 1848, convoqua les assemblées électorales des départements où existaient des vacances pour le 4 juin suivant.

Résultat des élections dans le département de Saône-et-Loire.

Electeurs inscrits : 141.000 (environ). — Votants : 62.863.

1. **Dariot** (Charles), juge de paix de Buxy, conseiller général. . . . . 39.101 voix (élu).

2. **Jeandeau** (François), ouvrier mécanicien à
   Chalon.. . . . .   26 216 voix (élu).
3. **Martin-Roy** (Pierre-Rose), négoc. à Mâcon,   24 693 —   —
   Bourgeois Jacques, dit Lamy, tanneur à Autun,   23.211 —
   Le général Changarnier. . . . .   22 813 —
   Foillard, médecin à Romanèche . . . .   19.421 —
   Daron, maire de Chalon-sur-Saône. . . . . . .   12.291 —
   Parize, cultivateur à Sennecey-le-Grand.. . . .   9.797 —
   Duréault, juge de paix de St-Gengoux (1). . . .   5.790 —

ASSEMBLÉE LÉGISLATIVE DE 1849

La Constitution du 4 novembre 1848 et la loi électorale du 15 mars 1849 conservèrent en l'organisant, le principe du suffrage universel, ainsi que le vote au chef-lieu de canton et le scrutin de liste par département. Le pouvoir législatif est confié à une assemblée unique, composée de 750 membres (739 pour la France proprement dite, 11 pour l'Algérie et les Colonies), élue pour 3 ans et renouvelable intégralement.

Saône-et-Loire nomme 12 représentants.

Aux termes de la loi du 15 février 1849, les listes électorales devaient être formées aussitôt après la promulgation de la loi électorale, et les élections à l'Assemblée Législative avoir lieu le 1er dimanche qui suivrait la clôture desdites listes; la nouvelle assemblée se réunirait 15 jours après les élections.

(1) Les 10 et 11 décembre 1848, eut lieu l'élection du président de la République; voici le résultat du vote dans Saône-et-Loire :

Électeurs inscrits dans les communes. 146.039
Militaires ou marins votants dans leurs garnisons ou résidences.   3.762

                                        Total.. . . . .   149 801

Nombre des votants (non compris les votes résultant des bulletins réservés et annexés). 111.381

Louis Napoléon Bonaparte a obtenu. . . . .   81 857 voix.
Ledru-Rollin. . . . .   15.693 —
Le général Eugène Cavaignac. . . . .   13.647 —
Lamartine.. . . . .   2.286 —
Raspail . . . .   64 —
Bonaparte (diverses dénominations). . . . .   651 —
Cavaignac (diverses dénominations). . . . .   252 —
     Divers. . . . .   41 —

En conformité de ces dispositions, une Circulaire du ministre de l'intérieur du 10 mars 1849 fixa le jour des élections au dimanche 13 mai 1849, et la réunion de l'Assemblée au 28 mai.

Résultats des élections dans le département de Saône-et-Loire.

Electeurs inscrits : 152.441. — Votants : 109.200.
8ᵉ exigé par la loi : 19.055

1. **Ledru-Rollin** (Alexandre-Auguste), ancien représentant. . . . . 75.510 voix (élu).
2. **Menand** (Emiland-Anne-Marie), anc. représ. 75.387 — —
3. **Bruys** (Amédée), ancien représentant.. . . . 74.075 — —
4. **Boysset** (Charles-Guillaume), avocat à Chalon, ex-procureur de la République.. . . . . . 73.880 — —
5. **Rougeot** (Guillaume), cultivateur, maire à Saint-Dézert. . . . . 73.803 — —
6. **Racouchot** (Jean-Paul), prpᵉ cultivateur. . 73.703 — —
7. **Rolland** (Auguste-Abraham), professeur à Mâcon. . . . . 73.670 — —
8. **Landolphe** (François), de Louhans, ex-consul de la République. . . . . 73.609 — —
9. **Gindriez** (François-Frédéric), de Chalon, anc. commiss. du gouv. prov. à Besançon. . . . 72.012 — —
10. **Heltzmann** (Victor-Amédée), ouvrier de l'usine du Creusot.. . . . . 72.808 — —
11. **Bard** (Antoine-Anne-Marie), notaire à Paray-le-Monial. . . . . 72.241 — —
12. **Jannot** (Claude-Marie-François-Ferdinand), caissier du bureau des finances de Louhans. 72.190 — —
Lamartine. . . . . 38.972 —
Dariot, ancien représentant. . . . . 35.246 ·
Daron, ancien maire de Chalon.. . . . . 35.135 —
Le général Changarnier. . . . . 27.052 —
De Loisy (Edouard), propriétaire à Epiry. . . 27 076 —
Goin, ancien notaire, à Charolles. . . . . . . 24.791 —
Bonaparte (Lucien). . . . . 24.102 —
Benoist (Adolphe), avocat à Chalon.. . . . . 23.653 —
De Chapuys-Montlaville, ancien député. . . . 23.611 —
De La Guiche, ancien député.. . . . . 23.532 —
Michel (Joseph), cultivateur. . . . . 23.403 —
Vernier (Théodore), ancien magistrat.. . . . 22.999 —
Mathieu, de l'Institut, ancien député et représentant. . . . . 13.648 —
Le général Thiard, ancien député et représentant. 13.981 —
Lacroix (Augustin), ancien député et représent.. 13.847 —

Foillard, médecin à Romanèche. . . . . 12.076 voix.
Boutelier, propr à Tournus, ancien magistrat.. 12.432 —
Guillemaut, capitaine du génie,. . . . . 11.426 —
Reverchon, ancien représentant. . . . . 11.270 —
Abord (Lazare), médecin à Autun. . . . . 9.700 —
Daviot (Claude), avocat. . . . . 8.916 —
Noirot, juge de paix à Chagny. . . . . 3.603 —
Rolland (Charles), ancien représentant. . . . . 1.078 —

ÉLECTION PARTIELLE DU 8 JUILLET 1849

A la séance du 5 juin 1849, *Ledru-Rollin*, élu à la fois par l'Allier, l'Hérault, Saône-et-Loire, Seine et Var, est déclaré, à la suite d'un tirage au sort, représentant du département du Var. En conséquence un décret du Président de la République, en date du 16 juin 1849, convoqua, pour le 8 juillet suivant, les collèges électoraux du département de Saône-et-Loire, à l'effet délire un représentant en remplacement de Ledru-Rollin.

Electeurs inscrits : 149.588. — Votants : 50.371.
8e exigé par la loi : 18.699.

Lamartine. 29.003 voix (élu).
Joly père (Henry), ancien représentant de la Haute-
Garonne à la Constituante. . . . . 20.003 —
Voix perdues. . . . . 1.138 —
Bulletins nuls. 72

ÉLECTION PARTIELLE DU 10 AOUT 1849

A la séance du 21 juillet 1849, *Lamartine*, élu à la fois par les départements du Loiret et de Saône-et-Loire, déclare opter pour le Loiret. En conséquence, un décret du Président de la République en date du 26 juillet 1849 convoque pour le 10 août suivant les collèges électoraux du département de Saône-et-Loire à l'effet de le remplacer.

Electeurs inscrits : 150.253. — Votants : 55.630.
8e exigé par la loi : 18.782.

Joly père (Henry). . . . . 28.433 voix (élu).
Dariot (Charles), ancien représentant. . . . . 25.617 —
Mathieu, de l'Institut. . . . . 534 —
Bulletins nuls. 926

ÉLECTIONS PARTIELLES DU 10 MARS 1850

Dans sa séance du 8 février 1850, l'Assemblée vote une résolution qui déclare déchus de la qualité de représentants du peuple 30 de ses membres qui ont été condamnés à la déportation, par arrêt de la Haute-Cour de justice de Versailles, en date du 15 novembre 1849, pour avoir pris part à l'attentat du 13 juin 1849. Parmi eux, figurent 6 des représentants de Saône-et-Loire : *Rougeot, Menand, Landolphe, Rolland, Heitzmann* et *Jannot.*

En conséquence un décret du Président de la République, en date du 9 février 1850, convoque pour le 10 mars suivant les collèges électoraux de Saône-et-Loire, à l'effet d'élire leurs remplaçants.

Electeurs inscrits : 157,143. — Votants : 105,573.
8ᵉ exigé par la loi : 19,643.

1. **Madier de Montjau** ainé (Noël-François-Alfred)... 61.412 voix (élu).
2. **Esquiros** (Henri-Alphonse), homme de lettres 61.351 — —
3. **Charrassin** (Frédéric), avocat à Lyon, journaliste... 61.321 — —
4. **Buvignier** (Eusèbe-Isidore), ancien représentant de la Meuse à la Constituante... 61.315 — —
5. **Dain** (Charles), avocat, ancien représentant de la Guadeloupe à la Constituante... 61.285 — —
6. **Hennequin** (Victor), avocat à Paris... 61.116 — —
   Dariot (Charles), ancien représentant... 44.548 —
   Le général Daumas, de Givry... 44.541 —
   Chamborre (Claude-Louis), cultivat. à Charnay. 44.422 —
   Boutelier, anc. magistrat, cons. gén. à Louhans. 44.276 —
   Lafouge, colonel, ancien chef d'état-major, à Charolles... 44.195 —
   D'Esterno, agriculteur, conseiller général, à Autun 44.076 —

ÉLECTIONS PARTIELLES DU 28 AVRIL 1850

Dans sa séance du 23 mars 1850, l'Assemblée annula les élections précédentes par le motif qu'un grand nombre d'électeurs avaient été indûment inscrits sur les listes électorales. En conséquence, un décret en date du 3 avril 1850 convoqua de nouveau les collèges électeurs de Saône-et-Loire pour le 28 avril suivant, à l'effet d'élire 6 représentants.

Électeurs inscrits : 154,015. — Votants : 120,162.
8ᵉ exigé par la loi : 19,232.

1. **Madier de Montjau** aîné. . . . . 73,109 voix (élu).
2. **Esquiros** (Alphonse). . . . . 73,060 — —
3. **Charrassin** (Frédéric. . . . . 73,014 — —
4. **Dain** (Charles). . . . . 73,003 — —
5. **Hennequin** (Victor). . . . . 72,822 — —
6. **Colfavru** (Jean-Claude), avocat à Paris. . . 71,200 — —
   Billault (Auguste-Adolphe), anc. représent. de la
      Loire-Inférieure à la Constituante. . . . . 46,503 —
   Darlot. . . . . 46,471 —
   Boutelier. . . . . 46,439 —
   Lafouge. . . . . 46,414 —
   D'Esterno. . . . . 46,233 —
   Benoist. . . . . 46,026 —
   Barignier. . . . . 983 —
      Voix perdues. . . . . 644 —

La loi du 31 mai 1850 multiplia les cas d'incapacité et n'admit à l'électorat que les citoyens ayant 3 ans de domicile dans la commune ou dans le canton. Aucune élection n'eut lieu dans le département de Saône-et-Loire sous l'empire de cette loi.

L'Assemblée Législative fut dissoute par le coup d'État du 2 décembre 1851.

SECOND EMPIRE

2 décembre 1851 — 4 septembre 1870.

La Constitution du 14 janvier 1852, œuvre de Louis-Napoléon Bonaparte, conformément aux pouvoirs qui lui avaient été conférés par le plébiscite du 20 décembre 1851 (1), répartit le pouvoir législatif entre le Président de la République, nommé pour 10 ans, le Sénat, composé de 150 membres au plus, nommés à vie par le Président de la République (sauf les cardinaux, maréchaux et amiraux, membres de droit) et le Corps Législatif composé de députés élus pour 6 ans par le suffrage universel, et sans scrutin de liste ; il y a 1 député par circonscription de 35,000 électeurs. La loi du 31 mai est abolie et on n'exige plus que 6 mois de résidence pour l'électorat.

Le Décret organique du 2 février 1852 fixe les conditions de l'électorat et de l'éligibilité : tout Français âgé de 21 ans est électeur et doit être porté sur la liste électorale de sa commune, à moins qu'il ne se trouve dans un cas d'incapacité prévu par la loi. Les militaires ne votent plus au corps, et restent inscrits sur les listes de leur commune où ils peuvent voter, s'il se trouvent le jour de l'élection. Le vote a lieu à la commune. Tout électeur âgé de 25 ans est éligible.: toute fonction publique rétribuée est incompatible avec le mandat de député.

Chaque département a droit à 1 député par 35,000 électeurs, et à 1 de plus par excédent de 25,000; le nombre total des députés est de 261; au décret est annexé un tableau qui répartit les députés entre les départements : l'Algérie et les Colonies ne nomment pas de députés. Cette fixation du nombre des députés, ainsi que la composition des circonscriptions électorales, devront être révisées tous les 5 ans.

Saône-et-Loire nomme 4 députés.

(1) Résultat du scrutin des 20 et 21 décembre 1851 dans le département de Saône-et-Loire :

Electeurs inscrits..	151.282
Votants..	116.382
Oui.	107.541
Non..	8.187
Nuls..	283

Le Décret du 3 février 1852 fixa la composition des circonscriptions électorales pour chaque département. Les 4 circonscriptions électorales de Saône-et-Loire sont ainsi établies :

1re Circonscription : Cluny, La Chapelle de G., Mâcon (2 cant.), Matour, Tramayes, Chauffailles, La Clayette, La Guiche, Marcigny, St-Bonnet de J., Semur-en-Br.

2e Circonscription : Autun, Issy-l'Ev., Lucenay-l'Ev., Mesvres, Montcenis, St-Léger-sous-B., Mont-St-Vincent, Bourbon-Lancy, Charolles, Digoin, Gueugnon, Palinges, Paray-le-M., Toulon-sur-Ar.

3e Circonscription : Buxy, Chagny, Chalon (2 cant.), Givry, Sennecey-le-Gr., Verdun-sur-le-D., Couche-lès-M., Epinac.

4e Circonscription : Louhans (tout l'arrond.), St-Germain-du-Pl., St-Martin-en-Br., Lugny, St-Gengoux-le-R., Tournus.

ELECTIONS GÉNÉRALES DES 29 FÉVRIER ET 1er MARS 1852

Un décret en date du 2 février 1852 convoque les électeurs pour les 29 février et 1 mars suivant à l'effet d'élire les députés.

PREMIÈRE CIRCONSCRIPTION DE S.-ET-L.

Inscrits : 38.921. — Votants : 24.211.

Comte de **Barbantane** (Louis-Antoine Robin), maire de Saint-Jean-le-Priche	21.913 voix (élu).
Lamartine	1.796 —
Voix perdues	502

DEUXIÈME CIRCONSCRIPTION

Inscrits : 33.408. — Votants : 24.469.

Schneider (Eugène), ancien député, anc. ministre, directeur du Creusot	24.333 voix (élu).
Voix perdues	136

TROISIÈME CIRCONSCRIPTION

Inscrits : 37.331. — Votants : 26.019.

Général **Brunet-Denon** (Vivant-Jean), ancien député	25.516 voix (élu).
Daron (Pierre), avocat à Chalon	310 —
Voix perdues	184

QUATRIÈME CIRCONSCRIPTION

Inscrits : 40.628. — Votants : 26.177.

Comte **Moreton de Chabrillan** (Louis-Olivier-
Théodore), conseil. gén., à Palinges . . . . . 24.763 voix (élu).
Guyennot, maire, conseiller général, à Pierre . . . . 1.450 —
Voix perdues. 264

Le Sénatus-Consulté du 7 novembre 1852, ratifié par le plébiscite
du 21 novembre suivant, rétablit l'Empire héréditaire (1).

ÉLECTIONS GÉNÉRALES DES 21 ET 22 JUIN 1857

Un décret du 29 mai 1857 porte dissolution du Corps Législatif.
Un autre décret, en date du même jour, fixe pour la période quinquennale de 1857 à 1862 le nombre des députés au Corps Législatif
à 267, et porte répartition de ce chiffre entre les départements.
Saône-et-Loire continue à nommer 4 députés. Un 3e décret, en date
du même jour, fixe le nombre et la composition des circonscriptions
électorale : les 4 circonscriptions de Saône-et Loire restent fixées
comme précédemment. Enfin un 4e décret en date du même jour,
convoque les collèges électoraux de toute la France pour les 21
et 22 juin suivants.

PREMIÈRE CIRCONSCRIPTION DE S.-ET-L.

Inscrits : 37.708. — Votants : 20.845.

Comte de **Barbantane**, député sortant . . . . . 16.950 voix (élu).
Lamartine. . . . . 2.373 —
Baron de Romaud (Gustave), anc. préfet de S.-et-L. . 1.416 —
Voix perdues. 76

(1) Résultats du vote des 21 et 22 novembre 1852 dans le département de
Saône-et-Loire :
Electeurs inscrits. 155.611
Votants. 117.025
Oui. 115.685
Non 1.020
Nuls 379

DEUXIÈME CIRCONSCRIPTION

Inscrits : 39.210. — Votants : 20.995.

Schneider, député sortant. . . . . 20.832 voix (élu).
Voix perdues. . . . . 163 —

TROISIÈME CIRCONSCRIPTION

Inscrits : 35.382. — Votants : 22.770.

Le général Brunet-Denon, député sortant.. . . 17.822 voix (élu).
Daron (Pierre).. . . . . 4.873 —
Voix perdues. . . . . 75 —

QUATRIÈME CIRCONSCRIPTION

Inscrits : 39.102. — Votants : 25.406.

Comte de Chabrillan, député sortant. . . . . . 18.727 voix (élu).
Boutelier (Henri), ancien magistrat. . . . . 6.629 —
Voix perdues. 50

ÉLECTIONS GÉNÉRALES DES 31 MAI ET 1er JUIN 1863

Un décret du 29 décembre 1862 fixe, pour la période quinquennale de 1862 à 1867, le nombre des députés au Corps Législatif à 283 et porte répartition de ce chiffre entre les départements (1). Saône-et-Loire nomme 5 députés.

Un autre décret, en date du même jour, fixe le nombre et la composition des circonscriptions électorales pour chaque département. Les 5 circonscriptions de Saône-et-Loire sont ainsi établies :

1re *Circonscription* : Autun, Couches-les-M., Épinac, Lucenay-l'Év., Mesvres, Montcenis, St-Léger-sous-B., Chagny, Givry.

2e *Circonscription* : Buxy, Chalon (2 cantons), Mont-St-Vincent, St-Germain-du-Pl., St-Martin-en-Br., Sennecey-le-Gr., Verdun-sur-le-D., Pierre-en-Br.

(1) Depuis 1860, le nombre des départements étaient de 89 par suite de l'annexion de la Savoie et du comté de Nice, qui avaient formé 3 départements nouveaux.

3ᵉ *Circonscription :* Bourbon-Lancy, Charolles, Digoin, Gueugnon, La Guiche, Marcigny, Palinges, Paray-le-M., St-Bonnet-de-J., Semur-en-Br., Toulon-sur-Ar., Issy-l'Ev.

4ᵉ *Circonscription :* Beaurepaire, Cuiseaux, Cuisery, Louhans, Montpont, Montret, St-Germain-du-B., Lugny, St-Gengoux-le-R., Tournus.

5ᵉ *Circonscription :* Cluny, La Chapelle-de-G., Mâcon (2 cant.), Matour, Tramayes, Chauffailles, La Clayette.

Un décret en date du 7 mai 1863 porte dissolution du Corps Législatif et convocation des collèges électoraux pour les 31 mai et 1 juin suivants.

PREMIÈRE CIRCONSCRIPTION DE S.-ET-L.

Inscrits : 35.099. — Votants : 21.601.

Schneider, député sortant. . . . . 21.049 voix (élu).
Bertron (Adolphe), candidat humain. . . . . 4 —
Voix perdues et bulletins nuls.. . . . 548

DEUXIÈME CIRCONSCRIPTION

Inscrits : 34.641. — Votants : 26.144.

Clingot (Louis-Jules), directeur des mines de Blanzy,
conseiller général. . . . . 17.907 voix (élu).
Daron (Pierre), avocat à Chalon. . . . . 7.291 —
Lépine, médecin à Chalon, conseiller général, ... 901 —
Chanliau. . . . . 1 —

TROISIÈME CIRCONSCRIPTION

Inscrits : 28.576. — Votants : 20.706.

Le baron **Maublanc de Chizeuil** (Hyacinthe),
conseiller général, maire de Paray. . . . . 16.322 voix (élu).
Le marquis de La Guiche, ancien député.. . . . . . 3.272 —
Pézerat. . . . . 1.189 —
Bulletins nuls. 13

QUATRIÈME CIRCONSCRIPTION

Inscrits : 32.433. — Votants : 22.896.

De **Chapuys-Montlaville** fils (Ant.-Gustave),
ancien sous-préfet. . . . . 19.906 voix (élu).
De Lacretelle (Henri), propriétaire à Cormatin. . . . 2.912 —
Voix perdues et bulletins nuls.. . . . 38 —

CINQUIÈME CIRCONSCRIPTION

Inscrits : 29,556. — Votants : 20.562.

Comte de Barbautane, député sortant.. . . . . .   15.971 voix (élu).
Rolland (Charles), ancien représentant.. . . . . . .   4.487 —
Voix perdues et bulletins nuls. . .   111 —

ÉLECTION PARTIELLE DES 8 ET 9 DÉCEMBRE 1866

Gustave de Chapuys-Montlaville étant décédé le 15 octobre 1866, un décret en date du 15 novembre suivant convoque les électeurs de la 4ᵉ circonscription de S.-et-L. pour les 8 et 9 décembre 1866, à l'effet de lui élire un remplaçant.

QUATRIÈME CIRCONSCRIPTION

Inscrits : 31.417. — Votants : 21.229.

Boutelier (Henri), ancien magistrat, conseiller
général. . . . .   18.607 voix (élu).
Nadaud (Théodore).. . . . .   2.576 —
Bulletins nuls.   46

ÉLECTIONS GÉNÉRALES DES 23 ET 24 MAI 1869

Un décret du 28 décembre 1867 fixe le nombre des députés et la composition des circonscriptions électorales pour la période quinquennale de 1867 à 1872; le nombre total des députés est porté à 292.

Saône-et-Loire continue à nommer 5 députés; et les circonscriptions électorales continuent à être composées de même.

Un décret du 27 avril 1869 porte dissolution du Corps Législatif, et convocation des colléges électoraux pour les 23 et 24 mai suivants.

PREMIÈRE CIRCONSCRIPTION DE S.-ET-L.

Inscrits : 38.608. — Votants : 30.975.

Schneider, député sortant. . . . .   19.120 voix (élu).
Michon (Joseph), propriétaire, demeurant à Paris.. .   7.975 —
Vicomte de Louvencourt, prop^e, cons. gén., à Morlet.   3.803 —
Bulletins nuls.   68

DEUXIÈME CIRCONSCRIPTION

Inscrits : 30.638. — Votants : 28.845.

Chagot (Jules), député sortant. . . . . 14.491 voix (élu).
Daron (Pierre), avocat à Chalon. . . . . 8.575 —
Boysset (Charles), ancien représentant. . . . . 4.208 —
Comte d'Estampes. . . . . 1.276 —
Boutelier. . . . . 2 —
      Bulletins nuls. 93

TROISIÈME CIRCONSCRIPTION

Inscrits : 29.781. — Votants : 23.003.

Huet (Albert-Auguste), ancien magistrat. . . . . . . 15.044 voix (élu).
Le marquis de La Guiche, ancien député. . . . . . . 3.222 —
Demôle (Charles), avocat à Charolles.. . . . . 3.397 —
Bouthier de Latour.. . . . . 1.326 —
      Bulletins nuls.. . . . . 14 —

QUATRIÈME CIRCONSCRIPTION

Inscrits : 33.377. — Votants : 23.670.

Bouteller (Henri), député sortant. . . . . 16.244 voix (élu).
Chanliaux.. . . . . 4.855 —
De Beuverand (Gustave). . . . . 2.503 —
Boysset (Charles). . . . . 1 —
      Bulletins nuls. 67

CINQUIÈME CIRCONSCRIPTION

Inscrits : 30.193. — Votants : 21.856.

Lacroix (Augustin), ancien député et représentant
    maire à La Clayette, conseiller général. . . 12.893 voix (élu).
Ballard, médecin à Mâcon, conseiller général. . . . 3.199 —
Boysset (Charles), ancien représentant. . . . . . . 2.402 —
Margue (Léon), avocat à Mâcon.. . . . . 1.897 —
André (Émile). . . . . 1.434 —
Demôle. . . . . 1 —
      Bulletins nuls. 60

Le 4 septembre 1870 (1), le Gouvernement de la Défense nationale prononça la dissolution du Corps Législatif.

(1) Résultat du vote du 8 mai 1870 dans le département de Saône-et-Loire (Plébiscite approuvant la réforme de la Constitution.)

Électeurs inscrits. 171.968
Votants 141.905
Oui. 116.391
Non. 24.475
Nuls. 1.039

TROISIÈME RÉPUBLIQUE

4 septembre 1870

ASSEMBLÉE NATIONALE DE 1871

Dès le 8 septembre 1870, un décret du Gouvernement de la Défense nationale convoquait les collèges électoraux pour le 16 octobre suivant à l'effet d'élire une Assemblée nationale constituante : un second décret, du 15 octobre suivant, régla les formes et les conditions de l'élection, conformément aux dispositions de la Loi du 15 mars 1849, et fixa — à raison de 1 par 50.000 habitants — le nombre total des représentants à 764 (753 pour la France proprement dite, 11 pour l'Algérie et les Colonies). Saône-et-Loire, pour une population de 600.000 habitants (recensement de 1866), a droit à 12 représentants. Les élections furent même avancées au dimanche 2 octobre, par un décret du 16 septembre 1870; mais elles furent ajournées sans date fixe par décret du 23 septembre 1870. Elles n'eurent lieu que l'année suivante, après la capitulation de Paris et la conclusion de l'armistice.

Un décret du 29 janvier 1871 convoqua les collèges électoraux pour le mercredi 8 février suivant à l'effet d'élire une Assemblée nationale; aux termes de ce décret, l'élection aura lieu au scrutin de liste par département, conformément à la loi du 15 mars 1849, et les électeurs se réuniront au chef-lieu de canton. Le nombre total des membres de l'Assemblée est fixé à 768, à raison de 1 par 50.000 habitants (753 pour la France proprement dite, 15 pour l'Algérie et les Colonies).(1) Saône-et-Loire nomme 12 députés. L'Assemblée est convoquée à Bordeaux pour le 12 février.

Résultat des élections dans Saône-et-Loire : (2)

(1) À la suite du vote de la paix avec l'Allemagne, les députés qui représentaient les territoires cédés se retirèrent de l'Assemblée, qui se trouva réduite à 733 membres. Ce fut là le chiffre légal des membres composant l'Assemblée nationale pendant toute la durée de sa session.

(2) Le procès-verbal du recensement général, dressé à Mâcon le vendredi 10 février par le bureau central, ne mentionne ni le nombre des inscrits, ni le nombre

Inscrits :   . — Votants :   .

1. **Rolland** (Charles), ancien représentant , à
   Mâcon. . . . . 71.621 voix (élu).
2. **Thiers** (Adolphe), ancien député. . . . . . 71.160 — —
3. **Renaud** (Marie-Félix), avocat à Chalon. . . . 70.033 — —
4. **Durénult** (Emile), ingén. des ponts et chaussées. 69.914 — —
5. Général **Changarnier** (Nicolas-Anne-Théo-
   dule), ancien représentant. . . . . 69.519 — —
6. Général **Pélissier** (Victor). . . . . 68.613 — —
7. **Alexandre** (Charles), homme de lettres, à
   Mâcon. . . . . 67.878 — =
8. **Mathieu** (Claude-Ferdinand), ingénieur en
   chef du Creusot. . . . . 67.653 — —
9. **Jordan** (Esprit-Alexandre), ingén. en retraite. 66.920 — —
10. Marquis de **La Guiche** (Philib.-Bernard), anc.
    député. . . . . 65.783 — —
11. **Puvis de Chavannes** (Adolphe-François-
    Antoine), propriétaire. . . . . 65.244 — —
12. **Daron** (Pierre), avocat, anc. maire de Chalon. 59.594 — —
    Margue (Léon), avocat à Mâcon. . . . . 47.594 —
    Quinet (Edgar), homme de lettres, à Paris. . . . 47.493 —
    Boysset (Charles), avocat à Chalon, anc. représ. 47.422 —
    Demôle (Charles), avocat à Charolles. . . . . . 47.011 —
    Général Garibaldi, commandant en chef de l'armée
    des Vosges. . . . . 46.740 —
    Leroyer (Elie), procureur général à Lyon. . . . 46.708 —
    Guillemin (Amédée), de Louhans, publiciste. . . 46.356 —
    Gambetta (Léon), membre du gouvernement de
    la Défense nationale. . . . . 45.513 —
    Chanliaux, maire. . . . . 45.275 —
    Dumay (Jean-Baptiste), ouvrier, maire du Creusot. 44.090 —
    Mérandon (Charles), avocat à Autun. . . . . . . 44.076 —
    Sorlin (Gilbert), maire de Marcigny. . . . . . . 41.801 —
    Benoist (Adolphe), avocat à Chalon. . . . . . . 11.513 —
    Maréchal de Mac-Mahon. . . . . 3.249 —
    Général Pradier. . . . . 2.827 —
    Villedey (Fr.), à Saint-Bonnet-de-Joux. . . . . 1.657 —
    De Beuverand (Gustave). . . . . 1.129 —
    Guigues de Champvans (1). . . . . 1.083 —

des votants; il lui manquait encore, à la date où il fut arrêté, les procès-verbaux de la 2ᵉ section du canton de Lucenay-l'Evêque. Les chiffres donnés au
texte, plus complets, sont empruntés au *Journal de Saône-et-Loire*; manquent
seulement deux communes.

(1) Les trois dépêches suivantes du préfet de S.-et-L. Frédéric Morin au Ministre de l'Intérieur peuvent servir à caractériser cette élection :

ÉLECTIONS PARTIELLES DU 2 JUILLET 1871

Un arrêté du Chef du pouvoir exécutif, en date du 9 juin 1871, convoqua pour le 2 juillet suivant les électeurs d'un grand nombre de départements, à l'effet de pourvoir aux sièges de députés, vacants par suite d'option, d'annulation, de décès ou de démission.

Trois sièges étaient vacants dans le département de Saône-et-Loire : *Thiers*, élu dans 26 départements, avait opté pour la Seine à la séance du 11 mars 1871; le *général Changarnier*, élu dans 4 départements (Gironde, Nord, Saône-et-Loire et Somme), avait opté pour la Somme à la séance du 28 février 1871; enfin *Puvis de Chavannes* était décédé à Bordeaux le 8 mars 1871.

Résultat des élections dans Saône-et-Loire :

Inscrits : 170.320. — Votants : 103.778.
8ᵉ exigé par la loi : 21.892.

1. De **Lacretelle** (Henri), homme de lettres, propriétaire, à Cormatin. . . . . 78.232 voix (élu).

Mâcon, 9 février, 1 h. 40 du matin.

« On peut déjà prévoir un peu le résultat général des élections; c'est la liste moyenne qui passera, la liste franchement républicaine victorieuse en ville est battue en campagne; la liste ultra-monarchique Joinville-Pradier est encore plus battue. Élections signifieront : « Faut pas renverser République, mais nous voulons paix. »

Mâcon, 9 février, 10 h. 17 du matin.

« La liste franchement républicaine a gagné du terrain, mais pas assez pour qu'on puisse prévoir son triomphe; heureusement la liste ultra-monarchique, qui portait un sénateur de l'Empire (Mac-Mahon), un d'Orléans (prince Joinville), et un ultra-clérical (général Pradier) est battue plate couture, n'obtenant qu'une minorité ridicule; mais cette minorité se remue beaucoup et cherche le trouble. »

Mâcon, 10 février 1871.

« Comme je le pressentais hier, la liste mixte passe tout entière avec 20,000 voix de majorité environ.

Elle se compose de: MM. Rolland, républicain, accusé peut-être à tort de quelques compromis; Daron, républicain; Duréault, que j'ai connu très républicain à la Polytechnique; Alexandre, que j'ai connu aussi républicain, mais que l'on dit un peu clérical; Thiers; Changarnier; Pélissier, difficile à classer; Jordan, id.; Mathieu, id.; de La Guiche, orléaniste; Renaud, nuance Paradol; Puvis de Chavannes, inclassable clérical.

La liste nettement hostile à la République, Joinville, général Pradier, Mac-Mahon, Guignes, défaite complète; pas même minorité notable.

La liste républicaine l'aurait emporté, si plus large et plus conciliante: on l'accuse de signifier guerre, ce qui est faux, et cela a compromis son succès.

Le vote se résume ainsi dans Saône-et-Loire: pas d'entreprise contre la République, paix. »

2. Général **Guillemaut** (Charles-Alexandre), de
   Louhans.. . . . . 78.074 voix (élu).
3. **Boysset** (Charles), anc. représent. à Chalon. . 69.746 — —
   Michon (Joseph), propriétaire, demeurant à Paris. 31.523 —
   Cornudet (Léon), ancien conseiller d'Etat. . . . . 26.779 —
   De Longeville (Paul). . . . . 24.399 —
         Voix perdues. 488
         Bulletins nuls. 421

La loi du 13 mai 1875 suspendit les élections partielles ; au reste, aucune vacance ne se produisit dans la députation de Saône-et-Loire, jusqu'à la séparation de l'Assemblée Nationale qui eut lieu le 8 mars 1876.

CONSTITUTION DE 1875

La loi constitutionnelle du 25 février 1875 — par laquelle l'Assemblée Nationale organisa, après de longs débats, la République qui existait de fait depuis 1870 — répartit le pouvoir législatif entre deux Assemblées, le Sénat et la Chambre des députés.

Le *Sénat*, aux termes de la loi du 24 février 1875 (1) — qui a, comme la précédente, le caractère constitutionnel — se compose de 300 membres divisés en 2 catégories : 75 sénateurs inamovibles, élus à vie, lors de la 1re formation, par l'Assemblée nationale, et remplacés ensuite par le Sénat lui-même ; et 225 sénateurs élus par les départements et les Colonies.

Ces derniers sont élus au scrutin de liste par un collège réuni au chef-lieu du département et composé des députés, des conseillers généraux, des conseillers d'arrondissement et des délégués élus par les conseils municipaux à raison de 1 par commune. Ils sont nommés pour 9 ans et renouvelables par tiers, tous les 3 ans, conformément à un tirage au sort qui sera fait par le Sénat. Saône-et-Loire nomme 3 sénateurs. L'âge de 40 ans est exigé pour faire partie du Sénat.

La *Chambre des députés* (Loi du 30 novembre 1875) est élue par le suffrage universel, au scrutin individuel : chaque arrondissement administratif nomme 1 député ; les arrondissements dont la popula-

(1) Cf. Loi organique du 2 août 1875 sur les élections de sénateurs.

tion excède 100.000 habitants, nomment 1 député de plus, par 100.000 ou fraction de 100.000 habitants; en ce cas, ils sont divisés en circonscriptions par une loi.

Les députés sont élus pour 4 ans : la Chambre se renouvelle intégralement; il est pourvu aux vacances par décès ou démission dans le délai de 3 mois, à celles par option, dans le délai de 1 mois. Les électeurs votent à la commune. L'âge de 25 ans est nécessaire pour être élu député, et il faut réunir, au 1er tour, la majorité absolue des suffrages exprimés et un nombre de voix égal au quart des inscrits.

Le tableau des circonscriptions électorales, dans les arrondissements qui ont plus de 100.000 habitants, a été arrêté par la Loi du 21 décembre 1875, et le nombre total des membres de la Chambre des députés, par suite de l'application de cette loi, s'est trouvé être de 533 (1).

Sur les 5 arrondissements de Saône-et-Loire, 4 avaient plus de 100.000 habitants, et furent divisés par la loi précitée, chacun en 2 circonscriptions électorales nommant chacune 1 député. Cette division fut opérée de la façon suivante :

I. ARRONDISSEMENT D'AUTUN (2 députés).

1re Circonscription : Autun, Épinac, Issy-l'Év., Lucenay-l'Év., Saint-Léger-s-Beuv.

2e Circonscription : Couches-lès-M., le Creusot, Mesvres, Montcenis.

II. ARRONDISSEMENT DE CHALON (2 députés).

1re Circonscription : Buxy, Chalon (Nord), Givry, Mont-Saint-Vincent, Montceau-les-M.

2e Circonscription : Chagny, Chalon (Sud), Saint-Germain-du-Pl., Saint-Martin-en-Br., Sennecy-le-Gr., Verdun-sur-le-D.

(1) Dans ce chiffre de 533, l'Algérie était comptée pour 3 députés, et les 4 colonies de la Martinique, la Guadeloupe, la Réunion et l'Inde française avaient chacune 1 député.

Depuis la loi du 21 décembre 1875, le nombre des membres de la Chambre des députés a été notablement augmenté : la loi du 8 avril 1879 a accordé 1 député à la Guyane et 1 au Sénégal; la loi du 29 juillet 1881, accorda 8 députés de plus à 8 arrondissements dont la population avait depuis les élections de 1876, dépassé le chiffre de 100.000 hab.; 7 députés de plus aux 7 arrondissements de Paris dont la population excédait 100,000 habitants; 3 députés de plus à l'Algérie; 1 de plus à chacune des 3 colonies de la Martinique, de la Guadeloupe et de la Réunion; et enfin elle accorda 1 député à la Cochinchine qui n'était pas représentée en 1876.

En résumé, la Chambre actuelle, élue en août 1881, compte 557 députés, soit 24 de plus que celle élue en février 1876.

III. Arrondissement de Charolles (2 députés).

1re Circonscription : Chauffailles, La Clayette, La Guiche, Charolles, St-Bonnet-de-J., Semur-en-Br.

2e Circonscription : Bourbon-Lancy, Digoin, Gueugnon, Marcigny, Palinges, Paray-le-M., Toulon-sur-Ar.

IV. Arrondissement de Macon (2 députés).

1re Circonscription : La Chapelle-de-G., Mâcon (les 2 cantons), Matour, Tramayes.

2e Circonscription : Cluny, Lugny, St-Gengoux-le-N., Tournus.

V. L'arrondissement de Louhans, ayant moins de 100,000 hab., ne nomme qu'un Député.

Au total, 9 députés pour le département de Saône-et-Loire.

SÉNAT

ÉLECTIONS GÉNÉRALES DU 30 JANVIERE 1876

L'Assemblée Nationale procéda, du 9 au 21 décembre 1875, à l'élection de 75 sénateurs inamovibles; aucun des élus n'appartient au département de Saône-et-Loire.

La loi du 30 décembre 1875 fixa au dimanche 16 janvier 1876 la date de la réunion des conseils municipaux à l'effet de nommer leurs délégués pour l'élection du Sénat; les collèges électoraux chargés d'élire les sénateurs se réuniront au chef lieu de chaque département le dimanche 30 janvier (Cf. Décrets conformes des 3 et 16 janvier 1876).

L'expiration des pouvoirs de l'Assemblée Nationale aura lieu le 8 mars 1876, date à laquelle se réuniront à Versailles les 2 assemblées nouvelles.

Résultat des élections dans Saône-et-Loire :

Inscrits (1) : 698. — Votants : 697. — Majorité : 349.

1. **Rolland** (Charles), député. . . . . 401 voix (élu).

(1) 589 délégués des conseils municipaux;
50 conseillers généraux;
51 conseillers d'arrondissement,
8 députés (non conseillers généraux).

2. Le général **Guillemaut**, député. . . . . 305 voix (élu).
3. **Pernette** (Philippe), avocat à Autun, vice-présid.
  du Conseil général. . . . . 365 —
  Chagot (Jules), ancien député, gérant des mines de
  Blanzy. . . . . 208 —
  Marquis de La Guiche, député. . . . . 292 —
  Jordan (Alexandre), député. . . . . 286 —
  Duréault (Emile), député. . . . . 42 —

RENOUVELLEMENT PARTIEL DU 5 JANVIER 1879

Conformément à l'art. 6 de la loi du 24 février 1875 sur l'organisation du Sénat, les 225 sénateurs élus ont été classés, par ordre alphabétique de départements, en 3 séries comprenant chacune 75 sénateurs, et désignées par les lettres A. B. C. Dans la séance du Sénat du 20 mars 1876, il a été procédé par la voie du tirage au sort à la désignation des séries qui devront être renouvelées à l'expiration de la 1re et de la 2e période triennale; la série C, dont fait partie Saône-et-Loire, est sortie la 2e, et par conséquent est renouvelable en 1882, puis en 1891, et ainsi de suite.

La série B, sortie la 1re, était à renouveler en 1879; et, aux termes de l'art. 23 de la loi du 2 août 1875, il devait être en même temps pourvu à toutes les vacances qui pouvaient exister dans les autres séries. Dans Saône-et-Loire, 2 sièges étaient vacants : celui de *Rolland* décédé le 25 octobre 1876, et celui de *Pernette* décédé le 14 juillet 1878.

En conséquence, en même temps qu'un Décret en date du 8 octobre 1878 convoquait les électeurs des départements de la série B, un autre décret, en date du même jour, convoquait ceux des autres départements dans lesquels il y avait des vacances, et notamment ceux de Saône-et-Loire; les conseils municipaux se réuniront le dimanche 27 novembre 1878 à l'effet d'élire les délégués et suppléants, et le collège électoral sénatorial se réunira au chef-lieu de chaque département le dimanche 5 janvier 1879.

Résultats de l'élection dans Saône-et-Loire :

Inscrits (1) : 691. — Votants : 675 (680 bulletins).

1. **Mathey** (Alfred), propriétaire, maire à Ameugny,
   vice-président du Conseil général. . . . . 541 voix (élu).
2. **Demôle** (Charles), avocat à Charolles. . . . . . . 539 — —
   Bulletins blancs. 123

RENOUVELLEMENT PARTIEL DU 8 JANVIER 1882

Un décret en date du 22 octobre 1881 convoque les électeurs des départements de la série C dont fait partie Saône-et-Loire, et dont les sénateurs doivent être renouvelés en 1882 : les conseils municipaux se réuniront le dimanche 27 novembre 1881 à l'effet de nommer les délégués et les suppléants, et le collège électoral sénatorial se réunira au chef-lieu de chaque département le dimanche 8 janvier 1882.

Résultats de l'élection dans Saône-et-Loire :

Inscrits (2) : 691. — Votants : 679 (631 bulletins).

Le général **Guillemaut**, sénateur sortant. . . . . . 561 voix (élu).
Demôle, sénateur sortant. . . . . 550 —
Mathey, sénateur sortant. . . . . 549 —
   Bulletins blancs et nuls. . . . . 104 —

La Loi du 9 décembre 1884, a apporté de profondes modifications à la loi constitutionnelle (3) du 24 février 1875 sur l'organisation du Sénat, et à la loi organique du 2 août 1875 sur l'élection des sénateurs.

(1) 589 délégués des conseils municipaux ;
50 conseillers généraux ;
51 conseillers d'arrondissement.
1 député (*Lacretelle*) non conseiller général (les 8 autres députés votent à titre de conseillers généraux).
(2) Même composition qu'en 1879.
(3) Une loi votée le 11 août 1884 par l'Assemblée nationale, c'est-à-dire par les deux Chambres réunies à Versailles, et portant révision partielle des lois constitutionnelles, avait enlevé (art. 3) le caractère constitutionnel aux articles 1 à 7 de la loi sur l'organisation du Sénat.

Le Sénat reste composé de 300 membres ; mais les sénateurs inamovibles sont supprimés, et leurs 75 sièges sont répartis entre les départements dont un grand nombre voient ainsi leur représentation sénatoriale plus ou moins augmentée. Saône-et-Loire nomme 5 sénateurs (au lieu de 3). Bien entendu, les sénateurs inamovibles actuels conservent leurs fonctions leur vie durant, et c'est seulement au fur et à mesure des extinctions produites parmi eux, qu'ils seront remplacés par des sénateurs élus. A cet effet, dans la huitaine de chaque vacance, il doit être procédé à un tirage au sort entre les départements dont la représentation sénatoriale est augmentée pour désigner celui qui sera appelé à élire un sénateur.

En outre, le collège électoral sénatorial est notablement modifié en ce qui concerne les délégués des conseils municipaux ; chaque conseil municipal élit désormais un nombre de délégués qui augmente proportionnellement au nombre des membres qui le composent, c'est-à-dire avec l'importance de la commune qu'il représente. Suivant que le conseil municipal se compose de 10, 12, 16, 21, 23, 27, 30, 32, 34 et 36 membres, il élit 1, 2, 3, 6, 9, 12, 15, 18, 21 et 24 délégués ; le nombre des suppléants est également augmenté et varie de 1 à 4. Les électeurs sénatoriaux continuent à se réunir au chef-lieu du département (1).

Ce nouveau système électoral a fonctionné pour la 1re fois aux élections du 25 janvier 1885, pour le renouvellement de la série A.

CHAMBRE DES DÉPUTÉS

ÉLECTIONS GÉNÉRALES DU 20 FÉVRIER 1876

La loi du 30 décembre 1875 disposait (art. 3) que les collèges électoraux chargés d'élire les députés se réuniraient le 20 février 1876, sur convocation faite par décret du Président de la République (V. un décret conforme du 28 janvier 1876).

(1) Par suite de cette nouvelle organisation, le nombre des délégués des conseils municipaux, dans Saône-et-Loire, va se trouver porté de 589 à 1,235.

PREMIÈRE CIRCONSCRIPTION D'AUTUN

Inscrits : 15.081. — Votants : 11.383.

Gilliot (François-Philibert), ancien notaire, conseiller général, à Cussy-en-M. . . . . 7.132 voix (élu).
Pinard (Ernest), avocat à Paris, ancien ministre, conseiller général. . . . . 4.146 —
Voix perdues et bulletins nuls.. . . . 105 —

DEUXIÈME CIRCONSCRIPTION D'AUTUN

Inscrits : 16.565. — Votants : 12.493.

Mathieu (Claude-Ferdinand), député sortant. . . 7.903 voix (élu).
Mérandon (Charles), avocat à Autun.. . . . . 3.595 —
Robert, ancien instituteur à Torcy. . . . . 1.056 —
Voix perdues et bulletins nuls. . . 9

PREMIÈRE CIRCONSCRIPTION DE CHALON

Inscrits : 19.556. — Votants : 15.040.

Boysset (Charles), député sortant. . . . . 10.907 voix (élu).
De La Chaise, ingénieur des ponts et chaussées. . . . 4.033 —
Voix perdues : 27. — Bulletins nuls : 70.

DEUXIÈME CIRCONSCRIPTION DE CHALON

Inscrits : 20.319. — Votants : 16.563.

Darou (Pierre), député sortant. . . . . 10.929 voix (élu).
Loydreau, médecin, maire de Chagny. . . . . 5.582 —
Voix perdues : 11. — Bulletins nuls : 41.

PREMIÈRE CIRCONSCRIPTION DE CHAROLLES

Inscrits : 17.809. — Votants : 13.713.

Bouthier de Rochefort (Jean-Bapt.-Augus-
tin), pr⁰ à Semur-en-Br., conseiller général. 8.384 voix (élu).
Le marquis de La Guiche, député sortant. . . . . . 5.295 —
Bulletins blancs ou nuls. 31

DEUXIÈME CIRCONSCRIPTION DE CHAROLLES

Inscrits : 16.004. — Votants : 12.535.

Sarrien (Jean-Marie-Ferdinand), avocat, conseil.
général, à Bourbon-Lancy. . . . . 7.925 voix (élu).
Huet (Albert), ancien député. . . . . 4.611 —

PREMIÈRE CIRCONSCRIPTION DE MACON

Inscrits : 17.630. — Votants : 13.625.

Margue (Guillaume-Léon), avocat à Mâcon, conseil.
général, ... 10.803 voix (élu).
Le général Pélissier, député sortant, conseil. général, 2.751 —
Voix diverses : 39. — Blancs ou nuls : 32.

DEUXIÈME CIRCONSCRIPTION DE MACON

Inscrits : 16.973. — Votants : 13.551.

Lacretelle (Henri de), député sortant, ... 11.330 voix (élu).
Murard (Henri de), maire de Bresse-sur-Grosne,
ancien officier de mobiles.. . . . . 2.023 —
Voix diverses : 113. — Bulletins nuls : 90.

ARRONDISSEMENT DE LOUHANS (CIRCONS. UNIQ.).

Inscrits : 23.616. — Votants : 17.601.

Logerotte (Jules-Benoit), prop're, conseil. général. 10.915 voix (élu).
De Truchys, maire de Lays-sur-le-Douhs, ancien offi-
cier de mobiles.. . . . . 6.610 —
Voix diverses : 9. — Bulletins blancs : 37.

ÉLECTIONS GÉNÉRALES DU 14 OCTOBRE 1877

Un décret du Président de la République, en date du 25 juin 1877, prononce la dissolution de la Chambre des députés en vertu de l'art. 5 de la loi du 25 février 1875, rendu sur avis conforme donné par le Sénat dans sa séance du 22 juin précédent.

Un second décret du Président de la République, en date du 21 septembre 1877, convoque pour le 14 octobre suivant les collèges électoraux pour l'élection des députés.

PREMIÈRE CIRCONSCRIPTION D'AUTUN

Inscrits : 15.490. — Votants : 12.119.

Gillliot, député sortant.. . . . . 7.503 voix (élu).
Marquis de Ganay (Etienne), prop're à Etang-s.-Arr.. 4.817 —
Voix diverses : 17. — Blancs et nuls : 33.

DEUXIÈME CIRCONSCRIPTION D'AUTUN

Inscrits : 16.835. — Votants : 14.189.

Reyneau (Emile), propriétaire, demeurant à
    Paris, conseiller général. . . . . 8.447 voix (élu).
Mathieu, député sortant. . . . . 5.722 —
Voix diverses : 5. — Blancs et nuls : 21.

PREMIÈRE CIRCONSCRIPTION DE CHALON

Inscrits : 20.316. — Votants : 16.400.

Boysset, député sortant. . . . . 12.022 voix (élu).
Baron Thénard (Paul), membre de l'Institut. . . . . 4.307 —
Divers : 20. — Blancs et nuls : 51.

DEUXIÈME CIRCONSCRIPTION DE CHALON

Inscrits : 20.656. — Votants : 16.630.

Daron, député sortant. . . . . 11.202 voix (élu).
Loydreau. 5.347 —
Divers : 29. — Blancs et nuls : 52.

PREMIÈRE CIRCONSCRIPTION DE CHAROLLES

Inscrits : 17.906. — Votants : 14.394.

Bouthier de Rochefort, député sortant. . . 8.178 voix (élu).
Cheuzeville, maire de Beaubery, conseiller général. . 6.193 —
Divers : 3. — Blancs et nuls : 19.

DEUXIÈME CIRCONSCRIPTION DE CHAROLLES

Inscrits : 17.570. — Votants : 13.960.

Sarrien, député sortant. . . . . 8.738 voix (élu).
Huet. . . . . 5.152 —
Divers : 16. — Blancs et nuls : 56.

PREMIÈRE CIRCONSCRIPTION DE MACON

Inscrits : 17.689. — Votants : 14.169.

Margue, député sortant. . . . . 11.127 voix (élu).
Piot (Henri), négociant à Mâcon. . . . . 3.000 —
Divers : 19. — Blancs et nuls : 23.

DEUXIÈME CIRCONSCRIPTION DE MACON

Inscrits : 17.193. — Votants : 14.004.

De Lacretelle, député sortant. . . . . 11.306 voix (élu).
De Murard. . . . . 2.629 —
Divers : 4. — Blancs et nuls : 56.

ARRONDISSEMENT DE LOUHANS (CIRCONS. UNIQ.).

Inscrits : 21.102. — Votants : 18.732.

Logerotte, député sortant. . . . . 12.236 voix (élu).
Guillabert. . . . . 6.450 —
Divers : 9. — Blancs et nuls : 37.

ÉLECTIONS GÉNÉRALES DU 21 AOUT 1881

Bien que les pouvoirs de la Chambre des députés élue le 14 octobre 1877 n'expirassent que le 14 octobre 1881, un décret du Président de la République, du 23 juillet 1881, convoqua pour le 21 août suivant les collèges électoraux des circonscriptions électorales à l'effet d'élire chacun 1 député.

PREMIÈRE CIRCONSCRIPTION D'AUTUN

Inscrits : 16.215. — Votants : 7.199.

Gilllot, député sortant. . . . . 6.451 voix (élu).
Divers : 310. — Blancs et nuls : 438.
(De Thy, 56 voix à Autun. — Duverne, 110 voix à Epinac, 32 voix à Salsy.)

DEUXIÈME CIRCONSCRIPTION D'AUTUN

Inscrits : 17.724. — Votants : 7.720.

Reyneau, député sortant. . . . . 7.403 voix (élu).
Divers : 88. — Blancs et nuls : 229.

PREMIÈRE CIRCONSCRIPTION DE CHALON

Inscrits : 21.435. — Votants : 12.056.

Boysset, député sortant. . . . . 10.672 voix (élu).
Dumay. . . . . 369 —
Divers : 224. — Blancs et nuls : 791.

DEUXIÈME CIRCONSCRIPTION DE CHALON

Inscrits : 21.009. — Votants : 10.965.

Daron, député sortant.. . . . . 9.389 voix (élu).

Josserand (Pierre), avocat, rédact. du *Progrès de S.-et-L.* 331 voix.
Viollot (Claudius), propriétaire, conseiller général. . 69 —
Divers : 241. — Blancs et nuls : 932.

PREMIÈRE CIRCONSCRIPTION DE CHAROLLES

Inscrits : 18.100. — Votants : 14.601.

Bouthier de Rochefort, député sortant.. . . . 7.695 voix (élu).
Comte de Rambuteau, conseiller général.. . . . . . 6.832 —
Divers : 0. — Blancs et nuls : 25.

DEUXIÈME CIRCONSCRIPTION DE CHAROLLES

Inscrits : 18.902. — Votants : 9.601.

Sarrien, député sortant. . . . . 7.011 voix (élu).
Villiers.. . . . . 2.169 —
Divers : 186. — Blancs et nuls : 238.

PREMIÈRE CIRCONSCRIPTION DE MACON

Inscrits : 17.780. — Votants : 10.697.

Margue, député sortant.. . . . . 9.740 voix (élu).
Divers : 579. — Blancs et nuls : 378.

DEUXIÈME CIRCONSCRIPTION DE MACON

Inscrits : 17.413. — Votants : 12.830.

De Lacretelle, député sortant. . . . . 10.713 voix (élu).
Lauras (Paul), ancien préfet. . . . . 1.987 —
Divers : 41. — Blancs et nuls : 89.

ARRONDISSEMENT DE LOUHANS (CIRCONS. UNIQ.).

Inscrits : 24.211. — Votants : 16.781.

Logerotte, député sortant. . . . . 10.617 voix (élu).
Puvis de Chavanne. . . . . 6.007 —
Divers : 46. — Blancs et nuls : 111.

ÉLECTION PARTIELLE DU 9 SEPTEMBRE 1883

Daron étant décédé à Paris, le 20 juillet 1883, un décret du Président de la République, en date du 13 août 1883, convoque les électeurs de la 2e circonscription de l'arrondissement de Chalon pour le 9 septembre suivant à l'effet de lui élire un remplaçant.

DEUXIÈME CIRCONSCRIPTION DE CHALON

Premier tour. Inscrits : 20.778. — Votants : 11.004.

Lorauchet (Jean), médecin, maire de Gergy . . . . 4.689 voix.
Josserand (Pierre), rédact. du *Progrès de S.-et-L.* . . . 4.280 —
Abbé Sanvert (Pierre-Auguste), curé de Savigny-sur-
Grosne . . . . 2.730 —
Divers : 24. — Blancs et nuls : 153.
(Pas de résultat).

Deuxième tour (le 23 septembre). Inscrits : 20.810. — Votants : 11.743.
Lorauchet (Jean), conseiller général . . . . 4.663 voix (élu).
Abbé Sanvert . . . . 4.118 —
Mathey (Louis), conseil. général, maire de Thurey . . 2.847 —
Divers : 29. — Blancs et nuls : 45.

ÉLECTIONS PARTIELLES DU 8 JUIN 1884

Logerotte étant décédé à Paris le 6 avril, et *Reyneau* le 13 avril 1884, deux décrets du Président de la République, en date tous les deux du 13 mai 1884, convoquent pour le 8 juin suivant les électeurs de l'arrondissement de Louhans et de la 2ᵉ circonscription de l'arrondissement d'Autun, à l'effet de leur élire des remplaçants.

ARRONDISSEMENT DE LOUHANS (CIRCONS. UNIQ.).

Inscrits : 24.376. — Votants : 15.787.

Guillemaut (Lucien), médecin, maire de Louhans,
conseiller général . . . . 8.577 voix (élu).
Garnier, avocat à Louhans, conseiller d'arrondiss. . 7.076 —
Divers : 35. — Blancs et nuls : 89.

DEUXIÈME CIRCONSCRIPTION D'AUTUN

Inscrits : 17.770. — Votants : 5.123.

Martin (Jean-François-Félix), médecin au Creusot. 4.674 voix (élu).
Divers : 275. — Blancs et nuls : 174.
(Dumay : 66 voix au Creusot et 01 à Montcenis).

N. B. — La Chambre des députés, a voté, dans sa séance du 21 mars 1885, un projet de loi qui rétablit, pour l'élection des députés le scrutin de liste par département ; le nombre des députés est fixé pour chaque département à raison de 1 par 70,000 hab. ; d'après cette base, Saône-et-Loire, pour une population de 625,589 hab. (recensement de 1881), conserve son chiffre de 9 députés ; le nombre total des députés se trouve porté à 586.

Au moment où s'achève l'impression de ce travail (31 mars 1885), ce projet est soumis à l'examen du Sénat.

Paris. — Imprimerie Georges Grette, 7, rue Malher.